MOLIERE

~

L'AVARE
LE TARTUFFE

bibliothèque lattès

Texte intégral

Jean-Baptiste Poquelin est baptisé à Paris le 15 janvier 1922. Son père est tapissier du roi. Cette charge honorifique lui donne le titre d'écuyer. Les Poquelin sont des bourgeois. Jean-Baptiste sera éduqué par les Jésuites, dans le meilleur collège de France.

Ses études sont brillantes. Son père lui achète un doctorat de droit. Mais Jean-Baptiste ne rêve que de théâtre. A 20 ans, il rencontre Madeleine Béjart. Elle a 30 ans, un passé tumultueux et rêve, elle aussi, de fonder un théâtre. Jean-Baptiste renonce à la charge de tapissier, obtient la part d'héritage qui lui revient de sa mère (elle est morte quand il avait dix ans) et fonde, avec les Béjart, "l'Illustre Théâtre" (1643). L'année suivante, il prend le pseudonyme de Molière et devient directeur de la troupe.

Les affaires sont mauvaises. En 1645, Molière est-même emprisonné au Châtelet, pour dettes. Libéré, il part pour la province où, il tournera treize années pendant lesquelles il apprendra les ressorts du théâtre et de la nature humaine, protégé, notamment du prince de Conti, troisième personnage du royaume.

En 1658, patronné par Monsieur, frère du roi, il donne devant Louis XIV **Nicomède**, une tragédie qui ennuie le souverain, et le **Docteur amoureux**, qui fait rire aux éclats Sa Majesté. La troupe s'installe salle du Petit-Bourbon.

Molière constate que ses tragédies n'obtiennent aucun succès et donne dans la comédie. En 1659, **Les Précieuses ridicules** sont un succès. Ce sont ensuite **Saganarelle** (où Molière reprend les "recettes" de la Commedia del'Arte) puis, salle du Palais-Royal, **l'Ecole des maris, l'Amour médecin**.

Le 20 février 1662, il épouse Armande Béjart, la fille de Madeleine. Pour elle, il écrira ses plus beaux rôles féminins.

Ses succès, notamment avec **L'Ecole des femmes** (1662) font des envieux. On l'accuse d'obscénité, on l'attaque sur sa vie privée.

La réplique du roi qui pensionne Molière est cinglant : il décide d'être le parrain de Louis, fils de Molière et d'Armande, en février 1664. La Cour se tait.

Molière a la faveur du roi, qu'il amuse. Mais il lui retire son soutien, devant le mécontentement de la cour, et interdit **Tartuffe** en 1664. Triste symbole, Louis, le petit filleul royal, meurt. **Dom Juan** l'année suivante, doit être retirée de l'affiche avant que le roi ne l'ait vue. Racine, lui-même, l'ami de Molière dont la troupe répétait une pièce la donne finalement à une troupe concurrente.

Molière tombe malade. Et écrit, rendu amer par ses coups du sort, **Le Misanthrope** (1666). Désormais, il se méfie du parti des dévôts. Il ne provoque plus, se contentant de faire rire, comme dans **l'Avare** (1668).

En 1667, il parvient à faire rejouer **Tartuffe**. La pièce est aussitôt interdite. L'archevêque de Paris menace d'excommunication ceux qui représenteront, liront ou écouteront la pièce. Ce n'est que le 5 février 1669 que le roi autorise la pièce et que l'archevêque lève son interdiction. C'est un triomphe.

Mais Molière, usé par les tracas, les cabales et

les ennuis de santé reste profondément blessé. Sa vie conjugale est un échec. Mais il pardonne à Armande ses infidélités. Nouveaux triomphes, en 1670, avec **Le Bourgeois gentilhomme**, en 1672 avec **Les Femmes savantes**. Molière le saltimbanque s'installe luxueusement, ne se déplace plus qu'en chaise à porteur, possède une écurie...

Mais la mort guette : c'est Madeleine Béjart, la mère d'Armande, la vieille maîtresse et complice des débuts qui s'en va. Puis Pierre, ce fils qui ne vit qu'un mois. Rongé par la maladie (sans doute la tuberculose), écarté de la Cour par Lulli, Molière monte **Le Malade imaginaire**. Le public accourt. le 17 février 1673, Molière refuse, bien qu'épuisé, de remettre la représentation. A la fin du spectacle, Il est pris de convulsion. On le transporte chez lui. Molière meurt dans la soirée, Armande à son chevet. Il est enterré à la sauvette dans l'endroit réservé aux enfants morts-nés, non baptisés.

L'AVARE

COMÉDIE

PERSONNAGES

HARPAGON,
    père de Cléante et d'Élise, et
    amoureux de Mariane
CLÉANTE,
    fils d'Harpagon, amant de Mariane
ÉLISE,
    fille d'Harpagon, amante de Valère
VALÈRE, fils d'Anselme et amant d'Élise
MARIANE, amante de Cléante,
    et aimée d'Harpagon
ANSELME, père de Valère et de Mariane
FROSINE, femme d'intrigue
MAÎTRE SIMON, courtier
MAÎTRE JACQUES, cuisinier et cocher d'Harpagon
LA FLÈCHE, valet de Cléante
DAME CLAUDE, servante d'Harpagon
BRINDAVOINE,
LA MERLUCHE, laquais d'Harpagon
UN COMMISSAIRE ET SON CLERC.

La scène est à Paris, dans la maison d'Harpagon

Acte
premier

SCÈNE I

VALÈRE, ÉLISE

VALÈRE

Hé quoi ! charmante Élise, vous devenez mélan-
colique, après les obligeantes assurances, que
vous avez eu la bonté de me donner de votre
foi ! Je vous vois soupirer, hélas ! au milieu de
ma joie ! Est-ce du regret, dites-moi, de m'avoir
fait heureux ? et vous repentez-vous de cet
engagement où mes feux ont pu vous contrain-
dre ?

ÉLISE

Non, Valère, je ne puis pas me repentir de tout
ce que je fais pour vous. Je m'y sens entraîner
par une trop douce puissance, et je n'ai pas

même la force de souhaiter que les choses ne fussent pas. Mais, à vous dire vrai, le succès me donne de l'inquiétude ; et je crains fort de vous aimer un peu plus que je ne devrais.

VALÈRE

Eh ! que pouvez-vous craindre, Élise, dans les bontés que vous avez pour moi ?

ÉLISE

Hélas ! cent choses à la fois : l'emportement d'un père, les reproches d'une famille, les censures du monde ; mais plus que tout, Valère, le changement de votre cœur, et cette froideur criminelle dont ceux de votre sexe payent le plus souvent les témoignages trop ardents d'un innocent amour.

VALÈRE

Ah ! ne me faites pas ce tort, de juger de moi par les autres ! Soupçonnez-moi de tout, Élise, plutôt que de manquer à ce que je vous dois. Je vous aime trop pour cela ; et mon amour pour vous durera autant que ma vie.

ÉLISE

Ah ! Valère, chacun tient les mêmes discours ! Tous les hommes sont semblables par les paroles ; et ce n'est que les actions qui les découvrent différents.

VALÈRE

Puisque les seules actions font connaître ce que nous sommes, attendez donc, au moins, à juger de mon cœur par elles, et ne me cherchez point des crimes dans les injustes craintes d'une fâcheuse prévoyance. Ne m'assassinez point, je vous prie, par les sensibles coups d'un soupçon outrageux ; et donnez-moi le temps de vous convaincre, par mille et mille preuves, de l'honnêteté de mes feux.

ÉLISE

Hélas ! qu'avec facilité on se laisse persuader par les personnes que l'on aime ! Oui, Valère, je tiens votre cœur incapable de m'abuser. Je crois que vous m'aimez d'un véritable amour, et que vous me serez fidèle : je n'en veux point du tout douter, et je retranche mon chagrin aux appréhensions du blâme qu'on pourra me donner.

VALÈRE

Mais pourquoi cette inquiétude ?

ÉLISE

Je n'aurais rien à craindre, si tout le monde vous voyait des yeux dont je vous vois ; et je trouve en votre personne de quoi avoir raison aux choses que je fais pour vous. Mon cœur, pour

sa défense, a tout votre mérite, appuyé du
secours d'une reconnaissance où le ciel
m'engage envers vous. Je me représente, à
toute heure, ce péril étonnant qui commença
de nous offrir aux regards l'un de l'autre ; cette
générosité surprenante qui vous fit risquer
votre vie, pour dérober la mienne à la fureur
des ondes ; ces soins pleins de tendresse que
vous me fîtes éclater après m'avoir tirée de
l'eau, et les hommages assidus de cet ardent
amour que ni le temps ni les difficultés n'ont
rebuté, et qui, vous faisant négliger et parents
et patrie, arrête vos pas en ces lieux, y tient en
ma faveur votre fortune déguisée, et vous a
réduit, pour me voir, à vous revêtir de l'emploi
de domestique de mon père. Tout cela fait chez
moi, sans doute, un merveilleux effet ; et c'en
est assez, à mes yeux, pour me justifier
l'engagement où j'ai pu consentir ; mais ce n'est
pas assez peut-être pour le justifier aux autres,
et je ne suis pas sûre qu'on entre dans mes
sentiments.

VALÈRE

De tout ce que vous avez dit, ce n'est que par
mon seul amour que je prétends auprès de vous
mériter quelque chose ; et, quant aux scrupules
que vous avez, votre père lui-même ne prend

que trop de soin de vous justifier à tout le monde ; et l'excès de son avarice, et la manière austère dont il vit avec ses enfants, pourraient autoriser des choses plus étranges. Pardonnez-moi, charmante Élise, si j'en parle ainsi devant vous. Vous savez que, sur ce chapitre, on n'en peut pas dire de bien. Mais enfin, si je puis, comme je l'espère, retrouver mes parents, nous n'aurons pas beaucoup de peine à nous le rendre favorable. J'en attends des nouvelles avec impatience, et j'en irai chercher moi-même, si elles tardent à venir.

ÉLISE

Ah ! Valère, ne bougez d'ici, je vous prie, et songez seulement à vous bien mettre dans l'esprit de mon père.

VALÈRE

Vous voyez comme je m'y prends, et les adroites complaisances qu'il m'a fallu mettre en usage pour m'introduire à son service : sous quel masque de sympathie et de rapports de senti-ments je me déguise pour lui plaire, et quel personnage je joue tous les jours avec lui, afin d'acquérir sa tendresse. J'y fais des progrès admirables ; et j'éprouve que, pour gagner les hommes, il n'est point de meilleure voie que de se parer à leurs yeux de leurs inclinations, que de donner dans leurs maximes, encenser leurs défauts, et applaudir à ce qu'ils font. On n'a que faire d'avoir peur de trop charger la complaisance, et la manière dont on les joue a beau être visible, les plus fins toujours sont de grandes dupes du côté de la flatterie ; il n'y a rien de si impertinent et de si ridicule qu'on ne fasse avaler, lorsqu'on l'assaisonne en louanges. La sincérité souffre un peu au métier que je fais ; mais, quand on a besoin des hommes, il faut bien s'ajuster à eux ; et puisqu'on ne saurait les gagner que par là, ce n'est pas la faute de ceux qui flattent, mais de ceux qui veulent être flattés.

ÉLISE

Mais que ne tâchez-vous aussi à gagner l'appui de mon frère, en cas que la servante s'avisât de révéler notre secret ?

VALÈRE

On ne peut pas ménager l'un et l'autre ; et l'esprit du père et celui du fils sont des choses si opposées, qu'il est difficile d'accommoder ces deux confidences ensemble. Mais vous, de votre part, agissez auprès de votre frère, et servez-vous de l'amitié qui est entre vous deux pour le jeter dans nos intérêts. Il vient. Je me retire. Prenez ce temps pour lui parler, et ne lui

découvrez de notre affaire que ce que vous
jugerez à propos.

ÉLISE

Je ne sais si j'aurai la force de lui faire cette
confidence.

SCÈNE II

CLÉANTE, ÉLISE

CLÉANTE

Je suis bien aise de vous trouver seule, ma
sœur ; et je brûlais de vous parler, pour
m'ouvrir à vous d'un secret.

ÉLISE

Me voilà prête à vous ouïr, mon frère. Qu'avez-
vous à me dire ?

CLÉANTE

Bien des choses, ma sœur, enveloppées dans
un mot. J'aime.

ÉLISE

Vous aimez ?

CLÉANTE

Oui, j'aime. Mais avant que d'aller plus loin,

je sais que je dépends d'un père, et que le nom
de fils me soumet à ses volontés ; que nous ne
devons point engager notre foi sans le consentement de ceux dont nous tenons le jour ; que
le ciel les a faits les maîtres de nos vœux, et
qu'il nous est enjoint de n'en disposer que par
leur conduite ; que, n'étant prévenus d'aucune
folle ardeur, ils sont en état de se tromper bien
moins que nous, et de voir beaucoup mieux ce
qui nous est propre ; qu'il en faut plutôt croire
les lumières de leur prudence que l'aveuglement de notre passion ; et que l'emportement
de la jeunesse nous entraîne le plus souvent
dans des précipices fâcheux. Je vous dis tout
cela, ma sœur, afin que vous ne vous donniez
pas la peine de me le dire ; car enfin mon amour
ne veut rien écouter, et je vous prie de ne me
point faire de remontrances.

ÉLISE

Vous êtes-vous engagé, mon frère, avec celle
que vous aimez ?

CLÉANTE

Non : mais j'y suis résolu, et je vous conjure,
encore une fois, de ne me point apporter des
raisons pour m'en dissuader.

ÉLISE

Suis-je, mon frère, une si étrange personne ?

CLÉANTE

Non, ma sœur ; mais vous n'aimez pas ; vous
ignorez la douce violence qu'un tendre amour
fait sur nos cœurs ; et j'appréhende votre
sagesse.

ÉLISE

Hélas ! mon frère, ne parlons point de ma
sagesse ; il n'est personne qui n'en manque, du
moins une fois en sa vie ; et, si je vous ouvre
mon cœur, peut-être serai-je à vos yeux bien
moins sage que vous.

CLÉANTE

Ah ! plût au ciel que votre âme, comme la
mienne...

ÉLISE

Finissons auparavant votre affaire, et me dites
qui est celle que vous aimez.

CLÉANTE

Une jeune personne qui loge depuis peu en ces
quartiers, et qui semble être faite pour donner
de l'amour à tous ceux qui la voient. La nature,
ma sœur, n'a rien formé de plus aimable ; et
je me sentis transporté dès le moment que je
la vis. Elle se nomme Mariane, et vit sous la
conduite d'une bonne femme de mère qui est

presque toujours malade, et pour qui cette
aimable fille a des sentiments d'amitié qui ne
sont pas imaginables. Elle la sert, la plaint et
la console avec une tendresse qui vous touche-
rait l'âme. Elle se prend d'un air le plus
charmant du monde aux choses qu'elle fait ; et
l'on voit briller mille grâces en toutes ses
actions, une douceur pleine d'attraits, une
bonté toute engageante, une honnêteté adorable, une... Ah ! ma sœur, je voudrais que vous
l'eussiez vue !

ÉLISE

J'en vois beaucoup, mon frère, dans les choses
que vous me dites ; et pour comprendre ce
qu'elle est, il me suffit que vous l'aimez.

CLÉANTE

J'ai découvert sous main qu'elles ne sont pas
fort accommodées, et que leur discrète
conduite a de la peine à étendre à tous leurs
besoins le bien qu'elles peuvent avoir. Figurez-
vous, ma sœur, quelle joie ce peut être que de
relever la fortune d'une personne que l'on
aime ; que de donner adroitement quelques
petits secours aux modestes nécessités d'une
vertueuse famille ; et concevez quel déplaisir ce
m'est de voir que, par l'avarice d'un père, je
sois dans l'impuissance de goûter cette joie, et

de faire éclater à cette belle aucun témoignage
de mon amour.

ÉLISE

Oui, je conçois assez, mon frère, quel doit être
votre chagrin.

CLÉANTE

Ah ! ma sœur, il est plus grand qu'on ne peut
croire. Car enfin, peut-on rien voir de plus cruel
que cette rigoureuse épargne qu'on exerce sur
nous, que cette sécheresse étrange où l'on nous
fait languir ? Hé ! que nous servira d'avoir du
bien, s'il ne nous vient que dans le temps que
nous ne serons plus dans le bel âge d'en jouir ;
et si, pour m'entretenir même, il faut que
maintenant je m'engage de tous côtés ; si je suis
réduit avec vous à chercher tous les jours les
secours des marchands, pour avoir moyen de
porter des habits raisonnables ? Enfin, j'ai voulu
vous parler pour m'aider à sonder mon père
sur les sentiments où je suis ; et si je l'y trouve
contraire, j'ai résolu d'aller en d'autres lieux,
avec cette aimable personne, jouir de la fortune
que le ciel voudra nous offrir. Je fais chercher
partout, pour ce dessein, de l'argent à emprunter ; et si vos affaires, ma sœur, sont semblables
aux miennes, et qu'il faille que notre père
s'oppose à nos désirs, nous le quitterons là tous

deux, et nous affranchirons de cette tyrannie
où nous tient depuis si longtemps son avarice
insupportable.

ÉLISE

Il est bien vrai que tous les jours il nous donne
de plus en plus sujet de regretter la mort de
notre mère, et que...

CLÉANTE

J'entends sa voix ; éloignons-nous un peu pour
achever notre confidence ; et nous joindrons
après nos forces pour venir attaquer la dureté
de son humeur.

SCÈNE III

HARPAGON, LA FLÈCHE

HARPAGON

Hors d'ici tout à l'heure, et qu'on ne réplique
pas. Allons, que l'on détale de chez moi, maître
juré filou, vrai gibier de potence !

LA FLÈCHE, à part

Je n'ai jamais rien vu de si méchant que ce
maudit vieillard, et je pense, sauf correction,
qu'il a le diable au corps.

HARPAGON

Tu murmures entre tes dents !

LA FLÈCHE

Pourquoi me chassez-vous ?

HARPAGON

C'est bien à toi, pendard, à me demander des raisons ! Sors vite, que je ne t'assomme.

LA FLÈCHE

Qu'est-ce que je vous ai fait ?

HARPAGON

Tu m'as fait que je veux que tu sortes.

LA FLÈCHE

Mon maître, votre fils, m'a donné ordre de l'attendre.

HARPAGON

Va-t'en l'attendre dans la rue, et ne sois point dans ma maison, planté tout droit comme un piquet, à observer ce qui se passe, et faire ton profit de tout. Je ne veux point avoir sans cesse devant moi un espion de mes affaires, un traître dont les yeux maudits assiègent toutes mes actions, dévorent ce que je possède, et furettent de tous côtés pour voir s'il n'y a rien à voler.

LA FLÈCHE

Comment diantre voulez-vous qu'on fasse pour

vous voler ? Êtes-vous un homme volable, quand vous renfermez toutes choses, et faites sentinelle jour et nuit ?

HARPAGON

Je veux renfermer ce que bon me semble, et faire sentinelle comme il me plaît. Ne voilà pas de mes mouchards, qui prennent garde à ce qu'on fait ? *(bas, à part)* Je tremble qu'il n'ait soupçonné quelque chose de mon argent. *(haut)* Ne serais-tu point homme à faire courir le bruit que j'ai chez moi de l'argent caché ?

LA FLÈCHE

Vous avez de l'argent caché ?

HARPAGON

Non, coquin, je ne dis pas cela. *(bas)* J'enrage. *(haut)* Je demande si, malicieusement, tu n'irais point faire courir le bruit que j'en ai.

LA FLÈCHE

Hé ! Que nous importe que vous en ayez, ou que vous n'en ayez pas, si c'est pour nous la même chose ?

HARPAGON,
levant la main pour donner un soufflet à La Flèche

Tu fais le raisonneur ! je te baillerai de ce raisonnement-ci par les oreilles. Sors d'ici, encore une fois.

LA FLÈCHE

Eh bien ! je sors.

HARPAGON

Attends ! ne m'emportes-tu rien ?

LA FLÈCHE

Que vous emporterais-je ?

HARPAGON

Tiens, viens çà, que je voie. Montre-moi tes mains.

LA FLÈCHE

Les voilà.

HARPAGON

Les autres.

LA FLÈCHE

Les autres ?

HARPAGON

Oui.

LA FLÈCHE

Les voilà.

HARPAGON,
montrant les hauts-de-chausses de La Flèche

N'as-tu rien mis ici dedans ?

LA FLÈCHE

Voyez vous-même.

HARPAGON,
tâtant le bas des chausses de La Flèche

Ces grands hauts-de-chausses sont propres à
devenir les recéleurs des choses qu'on dérobe ;
et je voudrais qu'on eu eût fait pendre
quelqu'un.

LA FLÈCHE, *à part*

Ah ! qu'un homme comme cela mériterait bien
ce qu'il craint ! et que j'aurais de joie à le voler !

HARPAGON

Hé ?

LA FLÈCHE

Quoi ?

HARPAGON

Qu'est-ce que tu parles de voler ?

LA FLÈCHE

Je vous dis que vous fouillez bien partout pour
voir si je vous ai volé.

HARPAGON

C'est ce que je veux faire.
         (*Harpagon fouille dans les poches de La Flèche*)

LA FLÈCHE, *à part*

La peste soit de l'avarice et des avaricieux !

HARPAGON

Comment ! que dis-tu ?

LA FLÈCHE

Ce que je dis ?

HARPAGON

Oui ; qu'est-ce que tu dis d'avarice et d'avaricieux ?

LA FLÈCHE

Je dis que la peste soit de l'avarice et des avaricieux.

HARPAGON

De qui veux-tu parler ?

LA FLÈCHE

Des avaricieux.

HARPAGON

Et qui sont-ils, ces avaricieux ?

LA FLÈCHE

Des vilains et des ladres.

HARPAGON

Mais qui est-ce que tu entends par là ?

LA FLÈCHE

De quoi vous mettez-vous en peine ?

HARPAGON

Je me mets en peine de ce qu'il faut.

LA FLÈCHE

Est-ce que vous croyez que je veux parler de vous ?

HARPAGON

Je crois ce que je crois ; mais je veux que tu me dises à qui tu parles quand tu dis cela.

LA FLÈCHE

Je parle... Je parle à mon bonnet.

HARPAGON

Et moi, je pourrais bien parler à ta barrette [1].

LA FLÈCHE

M'empêcherez-vous de maudire les avaricieux ?

HARPAGON

Non : mais je t'empêcherai de jaser et d'être insolent. Tais-toi !

LA FLÈCHE

Je ne nomme personne.

1. bonnet de laquais

HARPAGON

Je te rosserai si tu parles.

LA FLÈCHE

Qui se sent morveux, qu'il se mouche.

HARPAGON

Te tairas-tu ?

LA FLÈCHE

Oui, malgré moi.

HARPAGON

Ah ! ah !

LA FLÈCHE, *montrant à Harpagon*
une poche de son justaucorps

Tenez, voilà encore une poche : êtes-vous satisfait ?

HARPAGON

Allons, rends-le moi sans te fouiller.

LA FLÈCHE

Quoi ?

HARPAGON

Ce que tu m'as pris.

LA FLÈCHE

Je ne vous ai rien pris du tout.

HARPAGON

Assurément ?

LA FLÈCHE

Assurément.

HARPAGON

Adieu. Va-t'en à tous les diables !

LA FLÈCHE, *à part*

Me voilà fort bien congédié.

HARPAGON

Je te le mets sur ta conscience, au moins.

SCÈNE IV

HARPAGON

Voilà un pendard de valet qui m'incommode
fort ; et je ne me plais point à voir ce chien de
boiteux-là. Certes, ce n'est pas une petite peine
que de garder chez soi une grande somme
d'argent ; et bien heureux qui a tout son fait
bien placé et ne conserve seulement que ce qu'il
faut pour sa dépense ! On n'est pas peu
embarrassé à inventer, dans toute une maison,

une cache fidèle ; car, pour moi, les coffres-forts me sont suspects, et je ne veux jamais m'y fier. Je les tiens justement une franche amorce à voleurs ; et c'est toujours la première chose que l'on va attaquer.

SCÈNE V

HARPAGON ; ÉLISE ET CLÉANTE *parlant ensemble et restant dans le fond du théâtre*

HARPAGON, *se croyant seul*

Cependant, je ne sais si j'aurai bien fait d'avoir enterré dans mon jardin dix mille écus qu'on me rendit hier. Dix mille écus en or chez soi est une somme assez... *(à part, apercevant Élise et Cléante)* O ciel ! je me serai trahi moi-même ! la chaleur m'aura emporté, et je crois que j'ai parlé haut, en raisonnant tout seul. *(à Cléante et à Élise)* Qu'est-ce ?

CLÉANTE

Rien, mon père.

HARPAGON

Y a-t-il longtemps que vous êtes là ?

ÉLISE

Nous ne venons que d'arriver.

HARPAGON

Vous avez entendu...

CLÉANTE

Quoi, mon père ?

HARPAGON

Là...

ÉLISE

Quoi ?

HARPAGON

Ce que je viens de dire.

CLÉANTE

Non.

HARPAGON

Si fait, si fait.

ÉLISE

Pardonnez-moi.

HARPAGON

Je vois bien que vous en avez ouï quelques mots. C'est que je m'entretenais en moi-même de la peine qu'il y a aujourd'hui à trouver de l'argent, et je disais qu'il est bien heureux qui peut avoir dix mille écus chez soi.

CLÉANTE

Nous feignions à vous aborder, de peur de vous interrompre.

HARPAGON

Je suis bien aise de vous dire cela, afin que vous n'alliez pas prendre les choses de travers, et vous imaginer que je dise que c'est moi qui ai dix mille écus.

CLÉANTE

Nous n'entrons point dans vos affaires.

HARPAGON

Plût à Dieu que je les eusse, dix mille écus !

CLÉANTE

Je ne crois pas...

HARPAGON

Ce serait une bonne affaire pour moi.

ÉLISE

Ce sont des choses...

HARPAGON

J'en aurais bon besoin.

CLÉANTE

Je pense que...

HARPAGON

Cela m'accommoderait fort.

ÉLISE

Vous êtes...

HARPAGON

Et je ne me plaindrais pas, comme je fais, que le temps est misérable.

CLÉANTE

Mon Dieu ! mon père, vous n'avez pas lieu de vous plaindre, et l'on sait que vous avez assez de bien.

HARPAGON

Comment, j'ai assez de bien ! Ceux qui le disent en ont menti. Il n'y a rien de plus faux ; et ce sont des coquins qui font courir tous ces bruits-là.

ÉLISE

Ne vous mettez point en colère.

HARPAGON

Cela est étrange, que mes propres enfants me trahissent, et deviennent mes ennemis.

CLÉANTE

Est-ce être votre ennemi que de dire que vous avez du bien ?

HARPAGON

Oui. De pareils discours, et les dépenses que

vous faites, seront cause qu'un de ces jours on me viendra chez moi couper la gorge, dans la pensée que je suis tout cousu de pistoles.

CLÉANTE

Quelle grande dépense est-ce que je fais ?

HARPAGON

Quelle ? Est-il rien de plus scandaleux que ce somptueux équipage que vous promenez par la ville ? Je querellais hier votre sœur ; mais c'est encore pis. Voilà qui crie vengeance au ciel ; et, à vous prendre depuis les pieds jusqu'à la tête, il y aurait là de quoi faire une bonne constitution. Je vous l'ai dit vingt fois, mon fils, toutes vos manières me déplaisent fort ; vous donnez furieusement dans le marquis ; et pour aller ainsi vêtu, il faut bien que vous me dérobiez.

CLÉANTE

Hé ! comment vous dérober ?

HARPAGON

Que sais-je ? Où pouvez-vous donc prendre de quoi entretenir l'état que vous portez ?

CLÉANTE

Moi, mon père ? c'est que je joue ; et, comme je suis fort heureux, je mets sur moi tout l'argent que je gagne.

HARPAGON

C'est fort mal fait. Si vous êtes heureux au jeu, vous en devriez profiter, et mettre à honnête intérêt l'argent que vous gagnez, afin de le trouver un jour. Je voudrais bien savoir, sans parler du reste, à quoi servent tous ces rubans dont vous voilà lardé depuis les pieds jusqu'à la tête, et si une demi-douzaine d'aiguillettes ne suffit pas pour attacher un haut-de-chausses. Il est bien nécessaire d'employer de l'argent à des perruques, lorsque l'on peut porter des cheveux de son cru, qui ne coûtent rien ! Je vais gager qu'en perruques et rubans il y a du moins vingt pistoles ; et vingt pistoles rapportent par année dix-huit livres six sols huit deniers, à ne les placer qu'au denier douze.

CLÉANTE

Vous avez raison.

HARPAGON

Laissons cela, et parlons d'autre affaire. *(apercevant Cléante et Élise qui se font des signes)* Hé ! *(bas, à part)* Je crois qu'ils se font signe l'un à l'autre de me voler ma bourse. *(haut)* Que veulent dire ces gestes-là ?

ÉLISE

Nous marchandons, mon frère et moi, à qui

parlera le premier, et nous avons tous deux quelque chose à vous dire.

HARPAGON

Et moi j'ai quelque chose aussi à vous dire à tous deux.

CLÉANTE

C'est de mariage, mon père, que nous désirons vous parler.

HARPAGON

Et c'est de mariage aussi que je veux vous entretenir.

ÉLISE

Ah ! mon père !

HARPAGON

Pourquoi ce cri ? Est-ce le mot, ma fille, ou la chose qui vous fait peur ?

CLÉANTE

Le mariage peut nous faire peur à tous deux de la façon que vous pouvez l'entendre, et nous craignons que nos sentiments ne soient pas d'accord avec votre choix.

HARPAGON

Un peu de patience ; ne vous alarmez point. Je sais ce qu'il faut à tous deux, et vous n'aurez, ni l'un ni l'autre, aucun lieu de vous plaindre de tout ce que je prétends faire ; et, pour commencer par un bout *(à Cléante),* avez-vous vu, dites-moi, une jeune personne appelée Mariane, qui ne loge pas loin d'ici ?

CLÉANTE

Oui, mon père.

HARPAGON

Et vous ?

ÉLISE

J'en ai ouï parler.

HARPAGON

Comment, mon fils, trouvez-vous cette fille ?

CLÉANTE

Une fort charmante personne.

HARPAGON

Sa physionomie ?

CLÉANTE

Tout honnête et pleine d'esprit.

HARPAGON

Son air et sa manière ?

CLÉANTE

Admirables, sans doute.

HARPAGON

Ne croyez-vous pas qu'une fille comme cela mériterait assez que l'on songeât à elle ?

CLÉANTE

Oui, mon père.

HARPAGON

Que ce serait un parti souhaitable ?

CLÉANTE

Très souhaitable.

HARPAGON

Qu'elle a toute la mine de faire un bon ménage ?

CLÉANTE

Sans doute.

HARPAGON

Et qu'un mari aurait satisfaction avec elle ?

CLÉANTE

Assurément.

HARPAGON

Il y a une petite difficulté : c'est que j'ai peur qu'il n'y ait pas, avec elle, tout le bien qu'on pourrait prétendre.

CLÉANTE

Ah ! mon père, le bien n'est pas considérable

lorsqu'il est question d'épouser une honnête
personne.

HARPAGON

Pardonnez-moi, pardonnez-moi. Mais ce qu'il
y a à dire, c'est que, si l'on n'y trouve pas tout
le bien qu'on souhaite, on peut tâcher de
regagner cela sur autre chose.

CLÉANTE

Cela s'entend.

HARPAGON

Enfin, je suis bien aise de vous voir dans mes
sentiments ; car son maintien honnête et sa
douceur m'ont gagné l'âme, et je suis résolu
de l'épouser, pourvu que j'y trouve quelque
bien.

CLÉANTE

Euh !

HARPAGON

Comment ?

CLÉANTE

Vous êtes résolu, dites-vous:...

HARPAGON

D'épouser Mariane.

CLÉANTE

Qui ? vous, vous ?

HARPAGON

Oui, moi, moi, moi. Que veut dire cela ?

CLÉANTE

Il m'a pris tout à coup un éblouissement, et je
me retire d'ici.

HARPAGON

Cela ne sera rien. Allez vite boire dans la cuisine
un verre d'eau claire.

SCÈNE VI

HARPAGON, ÉLISE

HARPAGON

Voilà de mes damoiseaux flouets, qui n'ont non
plus de vigueur que des poules. C'est là, ma
fille, ce que j'ai résolu pour moi. Quant à ton
frère, je lui destine une certaine veuve dont,
ce matin, on m'est venu parler ; et, pour toi,
je te donne au seigneur Anselme.

ÉLISE

Au seigneur Anselme ?

HARPAGON

Oui, un homme mûr, prudent et sage, qui n'a

pas plus de cinquante ans, et dont on vante les grands biens.

ÉLISE, *faisant la révérence*

Je ne veux point me marier, mon père, s'il vous plaît.

HARPAGON, *contrefaisant Élise*

Et moi, ma petite fille, ma mie, je veux que vous vous mariiez, s'il vous plaît.

ÉLISE, *faisant encore la révérence*

Je vous demande pardon, mon père.

HARPAGON, *contrefaisant Élise*

Je vous demande pardon, ma fille.

ÉLISE

Je suis très humble servante au seigneur Anselme ; mais, *(faisant encore la révérence)* avec votre permission, je ne l'épouserai point.

HARPAGON

Je suis votre très humble valet ; mais, *(contrefaisant Élise)* avec votre permission, vous l'épouserez dès ce soir.

ÉLISE

Dès ce soir ?

HARPAGON

Dès ce soir.

ÉLISE, *faisant encore la révérence*

Cela ne sera pas, mon père.

HARPAGON, *contrefaisant encore Élise*

Cela sera, ma fille.

ÉLISE

Non.

HARPAGON

Si.

ÉLISE

Non, vous dis-je.

HARPAGON

Si, vous dis-je.

ÉLISE

C'est une chose où vous ne me réduirez point.

HARPAGON

C'est une chose où je te réduirai.

ÉLISE

Je me tuerai plutôt que d'épouser un tel mari.

HARPAGON

Tu ne te tueras point, et tu l'épouseras. Mais voyez quelle audace ! A-t-on jamais vu une fille parler de la sorte à son père ?

ÉLISE

Mais a-t-on jamais vu un père marier sa fille de la sorte ?

HARPAGON

C'est un parti où il n'y a rien à redire ; et je gage que tout le monde approuvera mon choix.

ÉLISE

Et moi, je gage qu'il ne saurait être approuvé d'aucune personne raisonnable.

HARPAGON, *apercevant Valère de loin*

Voilà Valère. Veux-tu qu'entre nous deux nous le fassions juge de cette affaire ?

ÉLISE

J'y consens.

HARPAGON

Te rendras-tu à son jugement ?

ÉLISE

Oui ; j'en passerai par ce qu'il dira.

HARPAGON

Voilà qui est fait.

SCÈNE VII

VALÈRE, HARPAGON, ÉLISE

HARPAGON

Ici, Valère. Nous t'avons élu pour nous dire qui a raison de ma fille ou de moi.

VALÈRE

C'est vous, monsieur, sans contredit.

HARPAGON

Sais-tu bien de quoi nous parlons ?

VALÈRE

Non. Mais vous ne sauriez avoir tort, et vous êtes toute raison.

HARPAGON

Je veux, ce soir, lui donner pour époux un homme aussi riche que sage ; et la coquine me dit au nez qu'elle se moque de le prendre. Que dis-tu de cela ?

VALÈRE

Ce que j'en dis ?

HARPAGON

Oui.

VALÈRE

Hé ! hé !

HARPAGON

Quoi !

VALÈRE

Je dis que, dans le fond, je suis de votre sentiment ; et vous ne pouvez pas que vous n'ayez raison. Mais aussi n'a-t-elle pas tort tout à fait, et...

HARPAGON

Comment ? le seigneur Anselme est un parti considérable ; c'est un gentilhomme qui est noble, doux, posé, sage et fort accommodé, et auquel il ne reste aucun enfant de son premier mariage. Saurait-elle mieux rencontrer ?

VALÈRE

Cela est vrai. Mais elle pourrait vous dire que c'est un peu précipiter les choses, et qu'il faudrait au moins quelque temps pour voir si son inclination pourrait s'accommoder avec...

HARPAGON

C'est une occasion qu'il faut prendre vite aux cheveux. Je trouve ici un avantage qu'ailleurs je ne trouverais pas ; et il s'engage à la prendre sans dot.

VALÈRE

Sans dot ?

HARPAGON

Oui.

VALÈRE

Ah ! je ne dis plus rien. Voyez-vous, voilà une
raison tout à fait convaincante ; il se faut rendre
à cela.

HARPAGON

C'est pour moi une épargne considérable.

VALÈRE

Assurément ; cela ne reçoit point de contradic-
tion. Il est vrai que votre fille vous peut
représenter que le mariage est une plus grande
affaire qu'on ne peut croire ; qu'il y va d'être
heureux ou malheureux toute sa vie ; et qu'un
engagement qui doit durer jusqu'à la mort ne
se doit jamais faire qu'avec de grandes
précautions.

HARPAGON

Sans dot !

VALÈRE

Vous avez raison ; voilà qui décide tout ; cela
s'entend. Il y a des gens qui pourraient vous

dire qu'en de telles occasions l'inclination d'une
fille est une chose, sans doute, où l'on doit avoir
de l'égard ; et que cette grande inégalité d'âge,
d'humeur et de sentiments, rend un mariage
sujet à des accidents très fâcheux.

HARPAGON

Sans dot !

VALÈRE

Ah ! il n'y a pas de réplique à cela ; on le sait
bien. Qui diantre peut aller là contre ? Ce n'est
pas qu'il n'y ait quantité de pères qui aimeraient
mieux ménager la satisfaction de leurs filles que
l'argent qu'ils pourraient donner ; qui ne les
voudraient point sacrifier à l'intérêt et cherche-
raient, plus que toute autre chose, à mettre dans
un mariage cette douce conformité qui, sans
cesse, y maintient l'honneur, la tranquillité et
la joie ; et que...

HARPAGON

Sans dot !

VALÈRE

Il est vrai ; cela ferme la bouche à tout. Sans
dot ! Le moyen de résister à une raison comme
celle-là ?

HARPAGON, *à part, regardant du côté du jardin*

Ouais ! il me semble que j'entends un chien qui

aboie. N'est-ce point qu'on en voudrait à mon argent ? *(à Valère)* Ne bougez pas ; je reviens tout à l'heure.

SCÈNE VIII

ÉLISE, VALÈRE

ÉLISE

Vous moquez-vous, Valère, de lui parler comme vous faites ?

VALÈRE

C'est pour ne point l'aigrir, et pour en venir mieux à bout. Heurter de front ses sentiments est le moyen de tout gâter ; et il y a de certains esprits qu'il ne faut prendre qu'en biaisant ; des tempéraments ennemis de toute résistance ; des naturels rétifs, que la vérité fait cabrer, qui toujours se raidissent contre le droit chemin de la raison, et qu'on ne mène qu'en tournant où l'on veut les conduire. Faites semblant de consentir à ce qu'il veut, vous en viendrez mieux à vos fins ; et...

ÉLISE

Mais ce mariage, Valère !

VALÈRE

On cherchera des biais pour le rompre.

ÉLISE

Mais quelle invention trouver, s'il se doit
conclure ce soir ?

VALÈRE

Il faut demander un délai, et feindre quelque
maladie.

ÉLISE

Mais on découvrira la feinte, si l'on appelle des
médecins.

VALÈRE

Vous moquez-vous ? Y connaissent-ils quelque
chose ? Allez, allez, vous pourrez avec eux avoir
quel mal il vous plaira ; ils vous trouveront des
raisons pour vous dire d'où cela vient.

SCÈNE IX

HARPAGON, ÉLISE, VALÈRE

HARPAGON, *à part, dans le fond du théâtre*

Ce n'est rien, Dieu merci.

VALÈRE, *sans voir Harpagon*

Enfin, notre dernier recours, c'est que la fuite
nous peut mettre à couvert de tout ; et si votre
amour, belle Élise, est capable d'une fermeté...
(apercevant Harpagon) Oui, il faut qu'une fille
obéisse à son père. Il ne faut point qu'elle
regarde comme un mari est fait ; et lorsque la
grande raison de *sans dot* s'y rencontre, elle doit
être prête à prendre tout ce qu'on lui donne.

HARPAGON

Bon : voilà bien parlé, cela !

VALÈRE

Monsieur, je vous demande pardon si je
m'emporte un peu, et prends la hardiesse de
lui parler comme je fais.

HARPAGON

Comment ! J'en suis ravi, et je veux que tu
prennes sur elle un pouvoir absolu. *(à Élise)*
Oui, tu as beau fuir, je lui donne l'autorité que
le ciel me donne sur toi, et j'entends que tu
fasses tout ce qu'il te dira.

VALÈRE, *à Élise*

Après cela, résistez à mes remontrances.

SCÈNE X

HARPAGON, VALÈRE

VALÈRE

Monsieur, je vais la suivre, pour lui continuer
les leçons que je lui faisais.

HARPAGON

Oui, tu m'obligeras. Certes...

VALÈRE

Il est bon de lui tenir un peu la bride haute.

HARPAGON

Cela est vrai. Il faut...

VALÈRE

Ne vous mettez pas en peine. Je crois que j'en
viendrai à bout.

HARPAGON

Fais, fais. Je m'en vais faire un petit tour en ville,
et je reviens tout à l'heure.

VALÈRE, *adressant la parole à Élise,*
en s'en allant du côté par où elle est sortie

Oui, l'argent est plus précieux que toutes les

choses du monde, et vous devez rendre grâces
au ciel de l'honnête homme de père qu'il vous
a donné. Il sait ce que c'est que de vivre.
Lorsqu'on s'offre de prendre une fille sans dot,
on ne doit point regarder plus avant. Tout est
renfermé là-dedans ; et *sans dot* tient lieu de
beauté, de jeunesse, de naissance, d'honneur,
de sagesse et de probité.

HARPAGON

Ah ! le brave garçon. Voilà parlé comme un
oracle. Heureux qui peut avoir un domestique
de la sorte !

Acte
deuxième

SCÈNE I

CLÉANTE, LA FLÈCHE

CLÉANTE

Ah ! traître que tu es ! où t'es-tu donc allé fourrer ? Ne t'avais-je pas donné ordre...

LA FLÈCHE

Oui, monsieur, et je m'étais rendu ici pour vous attendre de pied ferme : mais monsieur votre père, le plus malgracieux des hommes, m'a chassé dehors malgré moi, et j'ai couru risque d'être battu.

CLÉANTE

Comment va notre affaire ? Les choses pressent plus que jamais, et, depuis que je t'ai vu, j'ai découvert que mon père est mon rival.

LA FLÈCHE

Votre père amoureux ?

CLÉANTE

Oui ; et j'ai eu toutes les peines du monde à lui cacher le trouble où cette nouvelle m'a mis.

LA FLÈCHE

Lui, se mêler d'aimer ! De quoi diable s'avise-t-il ? Se moque-t-il du monde ? Et l'amour a-t-il été fait pour des gens bâtis comme lui ?

CLÉANTE

Il a fallu, pour mes péchés, que cette passion lui soit venue en tête.

LA FLÈCHE

Mais par quelle raison lui faire un mystère de votre amour ?

CLÉANTE

Pour lui donner moins de soupçon, et me conserver, au besoin, des ouvertures plus aisées pour détourner ce mariage. Quelle réponse t'a-t-on faite ?

LA FLÈCHE

Ma foi, monsieur, ceux qui empruntent sont bien malheureux ; et il faut essuyer d'étranges choses, lorsqu'on en est réduit à passer, comme vous, par les mains des fesse-mathieux.

CLÉANTE

L'affaire ne se fera point ?

LA FLÈCHE

Pardonnez-moi. Notre maître Simon, le courtier qu'on nous a donné, homme agissant et plein de zèle, dit qu'il a fait rage pour vous, et il assure que votre seule physionomie lui a gagné le cœur.

CLÉANTE

J'aurai les quinze mille francs que je demande ?

LA FLÈCHE

Oui, mais à quelques petites conditions qu'il faudra que vous acceptiez, si vous avez dessein que les choses se fassent.

CLÉANTE

T'a-t-il fait parler à celui qui doit prêter l'argent ?

LA FLÈCHE

Ah ! vraiment, cela ne va pas de la sorte. Il apporte encore plus de soin à se cacher que vous ; et se sont des mystères bien plus grands que vous ne pensez. On ne veut point du tout dire son nom, et l'on doit aujourd'hui l'aboucher avec vous dans une maison empruntée, pour être instruit par votre bouche de votre

bien et de votre famille et je ne doute point
que le seul nom de votre père ne rende les
choses faciles.

CLÉANTE

Et principalement notre mère étant morte, dont
on ne peut m'ôter le bien.

LA FLÈCHE

Voici quelques articles qu'il a dictés lui-même
à notre entremetteur, pour vous être montrés
avant que de rien faire :
« Supposé que le prêteur voie toutes ses
« sûretés, et que l'emprunteur soit majeur, et
« d'une famille où le bien soit ample, solide,
« assuré, clair et net de tout embarras, on fera
« une bonne et exacte obligation par-devant
« un notaire, le plus honnête homme qu'il se
« pourra, et qui, pour cet effet, sera choisi par
« le prêteur, auquel il importe le plus que l'acte
« soit dûment dressé. »

CLÉANTE

Il n'y a rien à dire à cela.

LA FLÈCHE

« Le prêteur, pour ne charger sa conscience
« d'aucun scrupule, prétend ne donner son
« argent qu'au denier dix-huit. »

CLÉANTE

Au denier dix-huit ? Parbleu ! voilà qui est honnête. Il n'y a pas lieu de se plaindre.

LA FLÈCHE

Cela est vrai.

« Mais, comme ledit prêteur n'a pas chez lui la somme « dont il est question, et que, pour faire plaisir à « l'emprunteur, il est contraint lui-même de « l'emprunter d'un autre sur le pied du denier cinq, « il conviendra que ledit emprunteur paye cet « intérêt, sans préjudice du reste, attendu que ce « n'est que pour l'obliger que ledit prêteur s'engage « à cet emprunt. »

CLÉANTE

Comment diable ! quel Juif, quel Arabe est-ce là ? C'est plus qu'au denier quatre.

LA FLÈCHE

Il est vrai ; c'est ce que j'ai dit. Vous avez à voir là-dessus.

CLÉANTE

Que veux-tu que je voie ? J'ai besoin d'argent, et il faut bien que je consente à tout.

LA FLÈCHE

C'est la réponse que j'ai faite.

CLÉANTE

Il y a encore quelque chose ?

LA FLÈCHE

Ce n'est plus qu'un petit article.
« Des quinze mille francs qu'on demande, le
« prêteur ne pourra compter en argent que
« douze mille livres ; et, pour les mille écus
« restants, il faudra que l'emprunteur prenne
« les hardes, nippes, bijoux, dont s'ensuit le
« mémoire, et que ledit prêteur a mis, de
« bonne foi, au plus modique prix qu'il lui a
« été possible. »

CLÉANTE

Que veut dire cela ?

LA FLÈCHE

Écoutez le mémoire :
« Premièrement, un lit de quatre pieds à bandes
« de point de Hongrie, appliquées fort propre-
« ment sur un drap de couleur d'olive, avec
« six chaises et la courte-pointe de même ; le
« tout bien conditionné, et doublé d'un petit
« taffetas changeant rouge et bleu. Plus, un
« pavillon à queue, d'une bonne serge
« d'Aumale rose-sèche, avec le mollet et les
« franges de soie. »

CLÉANTE

Que veut-il que je fasse de cela ?

LA FLÈCHE

Attendez.

« Plus, une tenture de tapisserie des amours
« de Gombaut et de Macée.

« Plus, une grande table de bois de noyer, à
« douze colonnes ou piliers tournés, qui se tire
« par les deux bouts, et garnie par le dessous
« de ses six escabelles. »

CLÉANTE

Qu'ai-je à faire, morbleu ?...

LA FLÈCHE

Donnez-vous patience.

« Plus, trois gros mousquets tout garnis de
« nacre de perle, avec les fourchettes assortis-
« santes.

« Plus, un fourneau de brique, avec deux
« cornues et trois récipients, fort utiles à ceux
« qui sont curieux de distiller. »

CLÉANTE

J'enrage.

LA FLÈCHE

Doucement.

« Plus, un luth de Bologne, garni de toutes ses
« cordes, ou peu s'en faut.

« Plus, un trou-madame et un damier, avec un
« jeu de l'oie, renouvelé des Grecs, fort
« propres à passer le temps lorsque l'on n'a
« que faire.

« Plus, une peau d'un lézard de trois pieds et
« demi, remplie de foin : curiosité agréable
« pour pendre au plancher d'une chambre.

« Le tout, ci-dessus mentionné, valant loyale-
« ment plus de quatre mille cinq cents livres,
« et rabaissé à la valeur de mille écus, par la
« discrétion du prêteur. »

CLÉANTE

Que la peste l'étouffe avec sa discrétion, le
traître, le bourreau qu'il est ! A t-on jamais parlé
d'une usure semblable ? Et n'est-il pas content
du furieux intérêt qu'il exige, sans vouloir
encore m'obliger à prendre pour trois mille
livres les vieux rogatons qu'il ramasse ? Je
n'aurai pas deux cents écus de tout cela ; et
cependant il faut bien me résoudre à consentir
à ce qu'il veut, car il est en état de me faire tout
accepter, et il me tient, le scélérat, le poignard
sur la gorge.

LA FLÈCHE

Je vous vois, monsieur, ne vous en déplaise,

dans le grand chemin justement que tenait Panurge pour se ruiner, prenant argent d'avance, achetant cher, vendant à bon marché, et mangeant son blé en herbe.

CLÉANTE

Que veux-tu que j'y fasse ? Voilà où les jeunes gens sont réduits par la maudite avarice des pères ; et on s'étonne, après cela, que les fils souhaitent qu'ils meurent.

LA FLÈCHE

Il faut avouer que le vôtre animerait contre sa vilenie le plus posé homme du monde. Je n'ai pas, Dieu merci, les inclinations fort patibulaires ; et, parmi mes confrères que je vois se mêler de beaucoup de petits commerces, je sais tirer adroitement mon épingle du jeu, et me démêler prudemment de toutes les galanteries qui sentent tant soit peu l'échelle : mais, à vous dire vrai, il me donnerait, par ses procédés, des tentations de le voler ; et je croirais, en le volant, faire une action méritoire.

CLÉANTE

Donne-moi un peu ce mémoire, que je le voie encore.

SCÈNE II

HARPAGON, MAÎTRE SIMON ;
CLÉANTE ET LA FLÈCHE, *dans le fond du théâtre*

MAÎTRE SIMON

Oui, monsieur, c'est un jeune homme qui a
besoin d'argent ; ses affaires le pressent d'en
trouver, et il en passera par tout ce que vous
en prescrirez.

HARPAGON

Mais croyez-vous, maître Simon, qu'il n'y ait
rien à péricliter ? Et savez-vous le nom, les biens
et la famille de celui pour qui vous parlez ?

MAÎTRE SIMON

Non. Je ne puis pas bien vous en instruire à
fond, et ce n'est que par aventure que l'on m'a
adressé à lui ; mais vous serez de toutes choses
éclairci par lui-même, et son homme m'a assuré
que vous serez content quand vous le connaî-
trez. Tout ce que je saurais vous dire, c'est que
sa famille est fort riche, qu'il n'a plus de mère
déjà, et qu'il s'obligera, si vous voulez, que son
père mourra avant qu'il soit huit mois.

HARPAGON

...que chose que cela. La charité, maître
Simon, nous oblige à faire plaisir aux personnes, lorsque nous le pouvons.

MAÎTRE SIMON

Cela s'entend.

LA FLÈCHE,
bas, à Cléante, reconnaissant maître Simon

Que veut dire ceci ? Notre maître Simon qui
parle à votre père !

CLÉANTE, *bas, à La Flèche*

Lui aurait-on appris qui je suis ? Et serais-tu
pour me trahir ?

MAÎTRE SIMON, *à La Flèche*

Ah ! ah ! vous êtes bien pressés ! qui vous a dit
que c'était céans ? *(à Harpagon)* Ce n'est pas
moi, monsieur, au moins, qui leur ai découvert
votre nom et votre logis ; mais, à mon avis, il
n'y a pas grand mal à cela ; ce sont des
personnes discrètes, et vous pouvez ici vous
expliquer ensemble.

HARPAGON

Comment ?

MAÎTRE SIMON, *montrant Cléante*

Monsieur est la personne qui veut vous

emprunter les quinze mille livres dont je vo
ai parlé.

HARPAGON

Comment, pendard, c'est toi qui t'abandonnes
à ces coupables extrémités ?

CLÉANTE

Comment, mon père, c'est vous qui vous portez
à ces honteuses actions ?

(maître Simon s'enfuit, et La Flèche va se cacher)

SCÈNE III

HARPAGON, CLÉANTE

HARPAGON

C'est toi qui te veux ruiner par des emprunts
si condamnables !

CLÉANTE

C'est vous qui cherchez à vous enrichir par des
usures si criminelles !

HARPAGON

Oses-tu bien, après cela, paraître devant moi ?

CLÉANTE

Osez-vous bien, après cela, vous présenter aux yeux du monde ?

HARPAGON

N'as-tu point de honte, dis-moi, d'en venir à ces débauches-là, de te précipiter dans des dépenses effroyables, et de faire une honteuse dissipation du bien que tes parents t'ont amassé avec tant de sueurs ?

CLÉANTE

Ne rougissez-vous point de déshonorer votre condition par les commerces que vous faites ? de sacrifier gloire et réputation au désir insatiable d'entasser écu sur écu, et de renchérir, en fait d'intérêt, sur les plus infâmes subtilités qu'aient jamais inventées les plus célèbres usuriers !

HARPAGON

Ote-toi de mes yeux, coquin ! ôte-toi de mes yeux !

CLÉANTE

Qui est plus criminel, à votre avis, ou celui qui achète un argent dont il a besoin, ou bien celui qui vole un argent dont il n'a que faire ?

HARPAGON

Retire-toi, te dis-je, et ne m'échauffe pas les oreilles.

(seul) Je ne suis pas fâché de cette aventure ; et ce m'est un avis de tenir l'œil plus que jamais sur toutes ses actions.

SCÈNE IV

FROSINE, HARPAGON

FROSINE

Monsieur...

HARPAGON

Attendez un moment : je vais revenir vous parler. *(à part)* Il est à propos que je fasse un petit tour à mon argent.

SCÈNE V

LA FLÈCHE, FROSINE

LA FLÈCHE, *sans voir Frosine*

L'aventure est tout à fait drôle ! Il faut bien qu'il

ait quelque part un ample magasin de hardes ;
car nous n'avons rien reconnu au mémoire que
nous avons.

FROSINE

Hé ! c'est toi, mon pauvre La Flèche ? D'où
vient cette rencontre ?

LA FLÈCHE

Ah ? ah ! c'est toi, Frosine ? Que viens-tu faire
ici ?

FROSINE

Ce que je fais partout ailleurs : m'entremettre
d'affaires, me rendre serviable aux gens, et
profiter, du mieux qu'il m'est possible, des
petits talents que je puis avoir. Tu sais que, dans
ce monde, il faut vivre d'adresse, et qu'aux
personnes comme moi le ciel n'a donné d'autres
rentes que l'intrigue et que l'industrie.

LA FLÈCHE

As-tu quelque négoce avec le patron du logis ?

FROSINE

Oui. Je traite pour lui quelque petite affaire,
dont j'espère une récompense.

LA FLÈCHE

De lui ? Ah ! ma foi, tu sera bien fine, si tu en
tires quelques chose ; et je te donne avis que
l'argent céans est fort cher.

FROSINE

Il y a de certains services qui touchent
merveilleusement.

LA FLÈCHE

Je suis votre valet, et tu ne connais pas encore
le seigneur Harpagon. Le seigneur Harpagon
est de tous les humains l'humain le moins
humain, le mortel de tous les mortels le plus
dur et le plus serré. Il n'est point de service
qui pousse sa reconnaissance jusqu'à lui faire
ouvrir les mains. De la louange, de l'estime, de
la bienveillance en paroles, et de l'amitié, tant
qu'il vous plaira ; mais de l'argent, point
d'affaires. Il n'est rien de plus sec et de plus
aride que ses bonnes grâces et ses caresses ; et
donner est un mot pour qui il a tant d'aversion,
qu'il ne dit jamais : *Je vous donne,* mais *Je vous
prête le bonjour.*

FROSINE

Mon Dieu ! je sais l'art de traire les hommes ;
j'ai le secret de m'ouvrir leur tendresse, de
chatouiller leurs cœurs, de trouver les endroits
par où ils sont sensibles.

LA FLÈCHE

Bagatelles ici. Je te défie d'attendrir du côté de
l'argent l'homme dont il est question. Il est

Turc là-dessus, mais d'une turquerie à désespérer tout le monde ; et l'on pourrait crever, qu'il n'en branlerait pas. En un mot, il aime l'argent plus que réputation, qu'honneur, et que vertu ; et la vue d'un demandeur lui donne des convulsions : c'est le frapper par son endroit mortel, c'est lui percer le cœur, c'est lui arracher les entrailles ; et si... mais il revient : je me retire.

SCÈNE VI

HARPAGON, FROSINE

HARPAGON, *bas*

Tout va comme il faut. *(haut)* Eh bien ! qu'est-ce, Frosine ?

FROSINE

Ah ! mon Dieu, que vous vous portez bien, et que vous avez là un vrai visage de santé !

HARPAGON

Qui, moi ?

FROSINE

Jamais je ne vous vis un teint si frais et si gaillard.

HARPAGON

Tout de bon ?

FROSINE

Comment ! vous n'avez de votre vie été si jeune
que vous êtes ; et je vois des gens de vingt-cinq
ans qui sont plus vieux que vous.

HARPAGON

Cependant, Frosine, j'en ai soixante bien
comptés.

FROSINE

Eh bien ! qu'est-ce que cela, soixante ans ? voilà
bien de quoi ! C'est la fleur de l'âge, cela ; et
vous entrez maintenant dans la belle saison de
l'homme.

HARPAGON

Il est vrai ; mais vingt années de moins pourtant
ne me feraient point de mal, que je crois.

FROSINE

Vous moquez-vous ? Vous n'avez pas besoin de
cela, et vous êtes d'une pâte à vivre jusques à
cent ans.

HARPAGON

Tu le crois ?

FROSINE

Assurément. Vous en avez toutes les marques.

Tenez-vous un peu. Oh ! que voilà bien, entre
vos deux yeux, un signe de longue vie !

HARPAGON

Tu te connais à cela ?

FROSINE

Sans doute. Montrez-moi votre main. Ah ! mon
Dieu, quelle ligne de vie !

HARPAGON

Comment ?

FROSINE

Ne voyez-vous pas jusqu'où va cette ligne-là ?

HARPAGON

Eh bien ! qu'est ce que cela veut dire ?

FROSINE

Par ma foi, je disais cent ans ; mais vous
passerez les six-vingts.

HARPAGON

Est-il possible ?

FROSINE

Il faudra vous assommer, vous dis-je ; et vous
mettrez en terre et vos enfants, et les enfants
de vos enfants.

HARPAGON

Tant mieux ! Comment va notre affaire ?

FROSINE

Faut-il le demander ? et me voit-on mêler de
rien dont je ne vienne à bout ? J'ai, surtout pour
les mariages, un talent merveilleux. Il n'est
point de partis au monde que je ne trouve en
peu de temps le moyen d'accoupler, et je crois,
si je me l'étais mis en tête, que je marierais le
Grand Turc avec la république de Venise. Il n'y
avait pas, sans doute, de si grandes difficultés
à cette affaire-ci. Comme j'ai commerce chez
elles, je les ai à fond l'une et l'autre entretenues
de vous ; et j'ai dit à la mère le dessein que vous
aviez conçu pour Mariane, à la voir passer dans
la rue et prendre l'air à sa fenêtre.

HARPAGON

Qui a fait réponse ?...

FROSINE

Elle a reçu la proposition avec joie ; et quand
je lui ai témoigné que vous souhaitiez fort que
sa fille assistât ce soir au contrat de mariage qui
se doit faire de la vôtre, elle y a consenti sans
peine, et me l'a confiée pour cela.

HARPAGON

C'est que je suis obligé, Frosine, de donner à
souper au seigneur Anselme ; et je serai bien
aise qu'elle soit du régal.

FROSINE

Vous avez raison. Elle doit, après dîner, rendre visite à votre fille, d'où elle fait son compte d'aller faire un tour à la foire pour venir ensuite au souper.

HARPAGON

Eh bien ! elles iront ensemble dans mon carrosse, que je leur prêterai.

FROSINE

Voilà justement son affaire.

HARPAGON

Mais, Frosine, as-tu entretenu la mère touchant le bien qu'elle peut donner à sa fille ? Lui as-tu dit qu'il fallait qu'elle s'aidât un peu, qu'elle fît quelque effort, qu'elle se saignât pour une occasion comme celle-ci ? Car encore n'épouse-t-on point une fille sans qu'elle apporte quelque chose.

FROSINE

Comment ! c'est une fille qui vous apporte douze mille livres de rente.

HARPAGON

Douze mille livres de rente !

FROSINE

Oui. Premièrement, elle est nourrie et élevée

dans une grande épargne de bouche. C'est une fille accoutumée à vivre de salade, de lait, de fromage et de pommes, et à laquelle, par conséquent, il ne faudra ni table bien servie, ni consommés exquis, ni orges mondés perpétuels, ni les autres délicatesses qu'il faudrait pour une autre femme ; et cela ne va pas à si peu de chose, qu'il ne monte bien, tous les ans, à trois mille francs pour le moins. Outre cela, elle n'est curieuse que d'une propreté fort simple, et n'aime point les superbes habits, ni les riches bijoux, ni les meubles somptueux, où donnent ses pareilles avec tant de chaleur ; et cet article-là vaut plus de quatre mille livres par an. De plus, elle a une aversion horrible pour le jeu, ce qui n'est pas commun aux femmes d'aujourd'hui ; et j'en sais une de nos quartiers qui a perdu, à trente-et-quarante, vingt mille francs cette année. Mais n'en prenons rien que le quart. Cinq mille francs au jeu par an, et quatre mille francs en habits et bijoux, cela fait neuf mille livres ; et mille écus que nous mettons pour la nourriture ; ne voilà-t-il pas par année vos douze mille francs bien comptés ?

HARPAGON

Oui : cela n'est pas mal ; mais ce compte-là n'est rien de réel.

FROSINE

Pardonnez-moi. N'est-ce pas quelque chose de réel que de vous apporter en mariage une grande sobriété, l'héritage d'un grand amour de simplicité de parure, et l'acquisition d'un grand fonds de haine pour le jeu ?

HARPAGON

C'est une raillerie que de vouloir me constituer son dot de toutes les dépenses qu'elle ne fera point. Je n'irai point donner quittance de ce que je ne reçois pas ; et il faut bien que je touche quelque chose.

FROSINE

Mon Dieu ! vous toucherez assez ; et elles m'ont parlé d'un certain pays où elles ont du bien, dont vous serez le maître.

HARPAGON

Il faut voir cela. Mais, Frosine, il y a encore une chose qui m'inquiète. La fille est jeune, comme tu vois ; les jeunes gens, d'ordinaire, n'aiment que leurs semblables, et ne cherchent que leur compagnie ; j'ai peur qu'un homme de mon âge ne soit pas de son goût, et que cela ne vienne à produire chez moi certains petits désordres qui ne m'accommoderaient pas.

FROSINE

Ah ! que vous la connaissez mal ! C'est encore
une particularité que j'avais à vous dire. Elle
a une aversion épouvantable pour les jeunes
gens, et n'a de l'amour que pour les vieillards.

HARPAGON

Elle ?

FROSINE

Oui, elle. Je voudrais que vous l'eussiez entendue parler là-dessus. Elle ne peut souffrir du
tout la vue d'un jeune homme ; mais elle n'est
point plus ravie, dit-elle, que lorsqu'elle peut
voir un beau vieillard avec une barbe majes-
tueuse. Les plus vieux sont pour elle les plus
charmants ; et je vous avertis de n'aller pas vous
faire plus jeune que vous êtes. Elle veut tout
au moins qu'on soit sexagénaire ; et il n'y a pas
quatre mois encore qu'étant prête d'être
mariée, elle rompit tout net le mariage, sur ce
que son amant fit voir qu'il n'avait que
cinquante-six ans, et qu'il ne prit point de
lunettes pour signer le contrat.

HARPAGON

Sur cela seulement ?

FROSINE

Oui. Elle dit que ce n'est pas contentement

pour elle que cinquante-six ans ; et surtout elle est pour les nez qui portent des lunettes.

HARPAGON

Certes, tu me dis là une chose toute nouvelle.

FROSINE

Cela va plus loin qu'on ne vous peut dire. On lui voit dans sa chambre quelques tableaux et quelques estampes ; mais que pensez-vous que ce soit ? Des Adonis, des Céphales, des Pâris et des Apollons ? Non : de beaux portraits de Saturne, du roi Priam, du vieux Nestor, et du bon père Anchise sur les épaules de son fils.

HARPAGON

Cela est admirable. Voilà ce que je n'aurais jamais pensé ; et je suis bien aise d'apprendre qu'elle est de cette humeur. En effet, si j'avais été femme, je n'aurais point aimé les jeunes hommes.

FROSINE

Je le crois bien. Voilà de belles drogues que des jeunes gens, pour les aimer ! Ce sont de beaux morveux, de beaux godelureaux, pour donner envie de leur peau ! et je voudrais bien savoir quel ragoût il y a à eux ?

HARPAGON

Pour moi, je n'y en comprends point, et je ne

sais pas comment il y a des femmes qui les
aiment tant.

FROSINE

Il faut être folle fieffée. Trouver la jeunesse
aimable, est-ce avoir le sens commun ? Sont-ce
des hommes que de jeunes blondins, et peut-on
s'attacher à ces animaux-là ?

HARPAGON

C'est ce que je dis tous les jours : avec leur ton
de poule laitée, leurs trois petits brins de barbe
relevés en barbe de chat, leurs perruques
d'étoupe, leurs hauts-de-chausses tombants, et
leurs estomacs débraillés !...

FROSINE

Hé ! cela est bien bâti, auprès d'une personne
comme vous ! Voilà un homme, cela ; il y a là
de quoi satisfaire à la vue ; et c'est ainsi qu'il
faut être fait et vêtu, pour donner de l'amour.

HARPAGON

Tu me trouves bien ?

FROSINE

Comment ! vous êtes à ravir, et votre figure est
à peindre. Tournez-vous un peu, s'il vous plaît.
Il ne se peut pas mieux. Que je vous voie
marcher. Voilà un corps taillé, libre et dégagé

comme il faut, et qui ne marque aucune incommodité.

HARPAGON

Je n'en ai pas de grandes, Dieu merci. Il n'y a que ma fluxion qui me prend de temps en temps.

FROSINE

Cela n'est rien. Votre fluxion ne vous sied point mal, et vous avez grâce à tousser.

HARPAGON

Dis-moi un peu : Mariane ne m'a-t-elle point encore vu ? N'a-t-elle point pris garde à moi en passant ?

FROSINE

Non ; mais nous nous sommes fort entretenues de vous. Je lui a fait un portrait de votre personne, et je n'ai pas manqué de lui vanter votre mérite, et l'avantage que ce lui serait d'avoir un mari comme vous.

HARPAGON

Tu as bien fait, et je t'en remercie.

FROSINE

J'aurais, monsieur, une petite prière à vous faire. J'ai un procès que je suis sur le point de perdre, faute d'un peu d'argent ; *(Harpagon prend un air sérieux)* et vous pourriez facilement me procurer le gain de ce procès, si vous aviez quelque bonté pour moi. Vous ne sauriez croire le plaisir qu'elle aura de vous voir. *(Harpagon reprend un air gai)* Ah ! que vous lui plairez, et que votre fraise à l'antique fera sur son esprit un effet admirable ! Mais surtout elle sera charmée de votre haut-de-chausses attaché au pourpoint avec des aiguillettes. C'est pour la rendre folle de vous ; et un amant aiguilleté sera pour elle un ragoût merveilleux.

HARPAGON

Certes, tu me ravis de me dire cela.

FROSINE

En vérité, monsieur, ce procès m'est d'une conséquence tout à fait grande. *(Harpagon reprend son air sérieux)* Je suis ruinée, si je le perds ; et quelque petite assistance me rétablirait mes affaires... Je voudrais que vous eussiez vu le ravissement où elle était à m'entendre parler de vous. *(Harpagon reprend un air gai)* La joie éclatait dans ses yeux au récit de vos qualités ; et je l'ai mise enfin dans une impatience extrême de voir ce mariage entièrement conclu.

HARPAGON

Tu m'as fait grand plaisir, Frosine ; et je t'en

ai, je te l'avoue, toutes les obligations du monde.

FROSINE

Je vous prie, monsieur, de me donner le petit secours que je vous demande. *(Harpagon reprend encore un air sérieux)* Cela me remettra sur pied, et je vous en serai éternellement obligée.

HARPAGON

Adieu ! Je vais achever mes dépêches.

FROSINE

Je vous assure, monsieur, que vous ne sauriez jamais me soulager dans un plus grand besoin.

HARPAGON

Je mettrai ordre que mon carrosse soit tout prêt pour vous mener à la foire.

FROSINE

Je ne vous importunerais pas si je ne m'y voyais forcée par la nécessité.

HARPAGON

Et j'aurai soin qu'on soupe de bonne heure, pour ne vous point faire malades.

FROSINE

Ne me refusez pas la grâce dont je vous sollicite. Vous ne sauriez croire, monsieur, le plaisir que...

HARPAGON

Je m'en vais. Voilà qu'on m'appelle. Jusqu'à
tantôt.

FROSINE, *seule*

Que la fièvre te serre, chien de vilain, à tous
les diables ! Le ladre a été ferme à toutes mes
attaques. Mais il ne me faut pas pourtant quitter
la négociation ; et j'ai l'autre côté, en tout cas,
d'où je suis assurée de tirer bonne récompense.

Acte
troisième

SCÈNE I

HARPAGON, CLÉANTE, ÉLISE, VALÈRE ;
DAME CLAUDE, *tenant un balai* ;
MAÎTRE JACQUES,
LA MERLUCHE, BRINDAVOINE

HARPAGON

Allons, venez çà tous, que je vous distribue mes ordres pour tantôt, et règle à chacun son emploi. Approchez, dame Claude ; commençons par vous. Bon, vous voilà les armes à la main. Je vous commets au soin de nettoyer partout ; et surtout prenez garde de ne point frotter les meubles trop fort, de peur de les user. Outre cela, je vous constitue, pendant le souper, au gouvernement des bouteilles ; et, s'il s'en écarte quelqu'une, et qu'il se casse quelque chose, je m'en prendrai à vous, et le rabattrai sur vos gages.

MAÎTRE JACQUES, *à part*

Châtiment politique.

HARPAGON, *à dame Claude*

Allez.

SCÈNE II

HARPAGON, CLÉANTE, ÉLISE, VALÈRE,
MAÎTRE JACQUES, BRINDAVOINE,
LA MERLUCHE

HARPAGON

Vous, Brindavoine, et vous, La Merluche, je vous établis dans la charge de rincer les verres et de donner à boire, mais seulement lorsqu'on aura soif, et non pas selon la coutume de certains impertinents de laquais qui viennent provoquer les gens, et les faire aviser de boire lorsqu'on n'y songe pas. Attendez qu'on vous en demande plus d'une fois, et vous ressouvenez de porter toujours beaucoup d'eau.

MAÎTRE JACQUES, *à part*

Oui. Le vin pur monte à la tête.

LA MERLUCHE

Quitterons-nous nos siquenilles, monsieur ?

HARPAGON

Oui, quand vous verrez venir les personnes :
et gardez bien de gâter vos habits.

BRINDAVOINE

Vous savez bien, monsieur, qu'un des devants
de mon pourpoint est couvert d'une grande
tache de l'huile de la lampe.

LA MERLUCHE

Et moi, monsieur, que j'ai mon haut-de-
chausses tout troué par derrière, et qu'on me
voit, révérence parler...

HARPAGON, *à La Merluche*

Paix : rangez cela adroitement du côté de la
muraille, et présentez toujours le devant au
monde. *(à Brindavoine, en lui montrant comment il
doit mettre son chapeau au devant de son pourpoint,
pour cacher la tache d'huile)* Et vous, tenez toujours
votre chapeau ainsi, lorsque vous servirez.

SCÈNE III

HARPAGON, CLÉANTE, ÉLISE, VALÈRE,
MAÎTRE JACQUES

HARPAGON

Pour vous, ma fille, vous aurez l'œil sur ce que
l'on desservira, et prendrez garde qu'il ne s'en
fasse aucun dégât. Cela sied bien aux filles. Mais
cependant préparez-vous à bien recevoir ma
maîtresse, qui vous doit venir visiter, et vous
mener avec elle à la foire. Entendez-vous ce que
je vous dis ?

ÉLISE

Oui, mon père.

SCÈNE IV

HARPAGON, CLÉANTE, VALÈRE,
MAÎTRE JACQUES

HARPAGON

Et vous, mon fils le damoiseau, à qui j'ai la

bonté de pardonner l'histoire de tantôt, ne vous
allez pas aviser non plus de lui faire mauvais
visage.

CLÉANTE

Moi ! mon père ? mauvais visage ! Et par quelle
raison ?

HARPAGON

Mon Dieu ! nous savons le train des enfants
dont les pères se remarient, et de quel œil ils
ont coutume de regarder ce qu'on appelle
belle-mère. Mais si vous souhaitez que je perde
le souvenir de votre dernière fredaine, je vous
recommande surtout de régaler d'un bon visage
cette personne-là, et de lui faire enfin tout le
meilleur accueil qu'il vous sera possible.

CLÉANTE

A vous dire le vrai, mon père, je ne puis pas
vous promettre d'être bien aise qu'elle
devienne ma belle-mère. Je mentirais, si je vous
le disais ; mais, pour ce qui est de la bien
recevoir et de lui faire bon visage, je vous
promets de vous obéir ponctuellement sur ce
chapitre.

HARPAGON

Prenez-y garde au moins.

CLÉANTE

Vous verrez que vous n'aurez pas sujet de vous en plaindre.

HARPAGON

Vous ferez sagement.

SCÈNE V

HARPAGON, VALÈRE, MAÎTRE JACQUES

HARPAGON

Valère, aide-moi à ceci. Or çà, maître Jacques, je vous ai gardé pour le dernier.

MAÎTRE JACQUES

Est-ce à votre cocher, monsieur, ou bien à votre cuisinier, que vous voulez parler ? car je suis l'un et l'autre.

HARPAGON

C'est à tous les deux.

MAÎTRE JACQUES

Mais à qui des deux le premier ?

HARPAGON

Au cuisinier.

MAÎTRE JACQUES

Attendez donc, s'il vous plaît.

(maître Jacques ôte sa casaque de cocher, et paraît vêtu en cuisinier)

HARPAGON

Quelle diantre de cérémonie est-ce là ?

MAÎTRE JACQUES

Vous n'avez qu'à parler.

HARPAGON

Je me suis engagé, maître Jacques, à donner ce soir à souper.

MAÎTRE JACQUES, *à part*

Grande merveille !

HARPAGON

Dis-moi un peu : nous feras-tu bonne chère ?

MAÎTRE JACQUES

Oui, si vous me donnez bien de l'argent.

HARPAGON

Que diable, toujours de l'argent ! Il semble qu'ils n'aient autre chose à dire : de l'argent, de l'argent, de l'argent ! Ah ! ils n'ont que ce mot à la bouche, de l'argent ! toujours parler d'argent ! Voilà leur épée de chevet, de l'argent.

VALÈRE

Je n'ai jamais vu de réponse plus impertinente que celle-là. Voilà une belle merveille de faire bonne chère avec bien de l'argent ! C'est une chose la plus aisée du monde, et il n'y a si pauvre esprit qui n'en fît bien autant ; mais, pour agir en habile homme, il faut parler de faire bonne chère avec peu d'argent.

MAÎTRE JACQUES

Bonne chère avec peu d'argent !

VALÈRE

Oui.

MAÎTRE JACQUES, *à Valère*

Par ma foi, monsieur l'intendant, vous nous obligerez de nous faire voir ce secret, et de prendre mon office de cuisinier ; aussi bien vous mêlez-vous céans d'être le factoton.

HARPAGON

Taisez-vous. Qu'est-ce qu'il nous faudra ?

MAÎTRE JACQUES

Voilà monsieur votre intendant, qui vous fera bonne chère pour peu d'argent.

HARPAGON

Haye ! je veux que tu me répondes.

MAÎTRE JACQUES

Combien serez-vous de gens à table ?

HARPAGON

Nous serons huit ou dix ; mais il ne faut prendre que pour huit. Quand il y a à manger pour huit, il y en a bien pour dix.

VALÈRE

Cela s'entend.

MAÎTRE JACQUES

Eh bien ! il faudra quatre grands potages et cinq assiettes... Potages... Entrées.

HARPAGON

Que diable ! voilà pour traiter toute une ville entière.

MAÎTRE JACQUES

Rôt...

HARPAGON,
mettant la main sur la bouche de maître Jacques

Ah ! traître, tu manges tout mon bien.

MAÎTRE JACQUES

Entremets...

HARPAGON,
mettant encore la main sur la bouche de maître Jacques

Encore !

VALÈRE, *à maître Jacques*

Est-ce que vous avez envie de faire crever tout le monde ? Et monsieur a-t-il invité des gens pour les assassiner à force de mangeaille ? Allez-vous-en lire un peu les préceptes de la santé, et demander aux médecins s'il n'y a rien de plus préjudiciable à l'homme que de manger avec excès.

HARPAGON

Il a raison.

VALÈRE

Apprenez, maître Jacques, vous et vos pareils, que c'est un coupe-gorge qu'une table remplie de trop de viandes ; que, pour se bien montrer ami de ceux que l'on invite, il faut que la frugalité règne dans les repas qu'on donne ; et que, suivant le dire d'un ancien, *il faut manger pour vivre, et non pas vivre pour manger.*

HARPAGON

Ah ! que cela est bien dit ! Approche, que je t'embrasse pour ce mot. Voilà la plus belle sentence que j'aie entendue de ma vie : *Il faut vivre pour manger, et non pas manger pour vi...* Non, ce n'est pas cela. Comment est-ce que tu dis ?

VALÈRE

Qu'*il faut manger pour vivre, et non pas vivre pour*
manger.

HARPAGON, *à maître Jacques*

Oui. Entends-tu ? *(à Valère)* Qui est le grand
homme qui a dit cela ?

VALÈRE

Je ne me souviens pas maintenant de son nom.

HARPAGON

Souviens-toi de m'écrire ces mots : je les veux
faire graver en lettres d'or sur la cheminée de
ma salle.

VALÈRE

Je n'y manquerai pas. Et pour votre souper,
vous n'avez qu'à me laisser faire ; je réglerai
tout cela comme il faut.

HARPAGON

Fais donc.

MAÎTRE JACQUES

Tant mieux ! j'en aurai moins de peine.

HARPAGON, *à Valère*

Il faudra de ces choses dont on ne mange guère,
et qui rassasient d'abord ; quelque bon haricot
bien gras, avec quelque pâté en pot bien garni
de marrons.

VALÈRE

Reposez-vous sur moi.

HARPAGON

Maintenant, maître Jacques, il faut nettoyer mon carrosse.

MAÎTRE JACQUES

Attendez ; ceci s'adresse au cocher. *(maître Jacques remet sa casaque)* Vous dites ?...

HARPAGON

Qu'il faut nettoyer mon carrosse, et tenir mes chevaux tout prêts pour conduire à la foire...

MAÎTRE JACQUES

Vos chevaux, monsieur ? Ma foi, ils ne sont point du tout en état de marcher. Je ne vous dirai point qu'ils sont sur la litière : les pauvres bêtes n'en ont point, et ce serait mal parler ; mais vous leur faites observer des jeûnes si austères, que ce ne sont plus rien que des idées ou des fantômes, des façons de chevaux.

HARPAGON

Les voilà bien malades ! Ils ne font rien.

MAÎTRE JACQUES

Et pour ne faire rien, monsieur, est-ce qu'il ne faut rien manger ? Il leur vaudrait bien mieux, les pauvres animaux, de travailler beaucoup, de manger de même. Cela me fend le cœur de les voir ainsi exténués ; car, enfin, j'ai une tendresse pour mes chevaux, qu'il me semble que c'est moi-même, quand je les vois pâtir. Je m'ôte tous les jours pour eux les choses de la bouche ; et c'est être, monsieur, d'un naturel trop dur, que de n'avoir nulle pitié de son prochain.

HARPAGON

Le travail ne sera pas grand d'aller jusqu'à la foire.

MAÎTRE JACQUES

Non, je n'ai pas le courage de les mener, et je ferais conscience de leur donner des coups de fouet, en l'état où ils sont. Comment voudriezvous qu'ils traînassent un carrosse ? ils ne peuvent pas se traîner eux-mêmes.

VALÈRE

Monsieur, j'obligerai le voisin Picard à se charger de les conduire ; aussi bien nous fera-t-il ici besoin pour apprêter le souper.

MAÎTRE JACQUES

Soit. J'aime mieux encore qu'ils meurent sous la main d'un autre que sous la mienne.

VALÈRE

Maître Jacques fait bien le raisonneur !

MAÎTRE JACQUES

Monsieur l'intendant fait bien le nécessaire !

HARPAGON

Paix.

MAÎTRE JACQUES

Monsieur, je ne saurais souffrir les flatteurs ; et je vois que ce qu'il en fait, que ses contrôles perpétuels sur le pain et le vin, le bois, le sel et la chandelle, ne sont rien que pour vous gratter et vous faire sa cour. J'enrage de cela, et je suis fâché tous les jours d'entendre ce qu'on dit de vous : car, enfin, je me sens pour vous de la tendresse, en dépit que j'en aie, et, après mes chevaux, vous êtes la personne que j'aime le plus.

HARPAGON

Pourrais-je savoir de vous, maître Jacques, ce que l'on dit de moi ?

MAÎTRE JACQUES

Oui, monsieur, si j'étais assuré que cela ne vous fâchât point.

HARPAGON

Non, en aucune façon.

MAÎTRE JACQUES

Pardonnez-moi ; je sais fort bien que je vous
mettrai en colère.

HARPAGON

Point du tout. Au contraire, c'est me faire
plaisir, et je suis bien aise d'apprendre comme
on parle de moi.

MAÎTRE JACQUES

Monsieur, puisque vous le voulez, je vous dirai
franchement qu'on se moque partout de vous,
qu'on nous jette de tous côtés cent brocards
à votre sujet, et que l'on n'est point plus ravi
que de vous tenir au cul et aux chausses, et de
faire sans cesse des contes de votre lésine. L'un
dit que vous faites imprimer des almanachs
particuliers, où vous faites doubler les quatre-
temps et les vigiles, afin de profiter des jeûnes
où vous obligez votre monde ; l'autre, que vous
avez toujours une querelle toute prête à faire
à vos valets dans le temps des étrennes ou de
leur sortie d'avec vous, pour vous trouver une
raison de ne leur donner rien. Celui-là conte
qu'une fois vous fîtes assigner le chat d'un de
vos voisins, pour vous avoir mangé un reste
d'un gigot de mouton ; celui-ci, que l'on vous
surprit, une nuit, en venant dérober vous-même

l'avoine de vos chevaux ; et que votre cocher, qui était celui d'avant moi, vous donna, dans l'obscurité, je ne sais combien de coups de bâton, dont vous ne voulûtes rien dire. Enfin, voulez-vous que je vous dise ? on ne saurait aller nulle part où l'on ne vous entende accommoder de toutes pièces. Vous êtes la fable et la risée de tout le monde, et jamais on ne parle de vous que sous les noms d'avare, de ladre, de vilain et de fesse-mathieu.

HARPAGON, *en battant maître Jacques*

Vous êtes un sot, un maraud, un coquin et un impudent.

MAÎTRE JACQUES

Eh bien ! ne l'avais-je pas deviné ? Vous ne m'avez pas voulu croire. Je vous avais bien dit que je vous fâcherais de vous dire la vérité.

HARPAGON

Apprenez à parler.

SCÈNE VI

VALÈRE, MAÎTRE JACQUES

VALÈRE, *riant*

A ce que je puis voir, maître Jacques, on paye mal votre franchise.

MAÎTRE JACQUES

Morbleu ! monsieur le nouveau venu, qui faites l'homme d'importance, ce n'est pas votre affaire. Riez de vos coups de bâton quand on vous en donnera, et ne venez point rire des miens.

VALÈRE

Ah ! monsieur maître Jacques, ne vous fâchez pas, je vous prie.

MAÎTRE JACQUES, *à part*

Il file doux. Je veux faire le brave, et, s'il est assez sot pour me craindre, le frotter quelque peu. *(haut)* Savez-vous bien, monsieur le rieur, que je ne ris pas, moi, et que si vous m'échauffez la tête, je vous ferai rire d'une autre sorte ?

(maître Jacques pousse Valère jusqu'au fond du théâtre en le menaçant)

VALÈRE

Hé ! doucement.

MAÎTRE JACQUES

Comment, doucement ? il ne me plaît pas, moi.

VALÈRE

De grâce.

MAÎTRE JACQUES

Vous êtes un impertinent.

VALERE

Monsieur maître Jacques !

MAÎTRE JACQUES

Il n'y a point de monsieur maître Jacques pour un double. Si je prends un bâton, je vous rosserai d'importance.

VALÈRE

Comment, un bâton ? *(Valère fait reculer maître Jacques à son tour)*

MAÎTRE JACQUES

Hé ! je ne parle pas de cela.

VALÈRE

Savez-vous bien, monsieur le fat, que je suis homme à vous rosser vous-même ?

MAÎTRE JACQUES

Je n'en doute pas.

VALÈRE

Que vous n'êtes, pour tout potage, qu'un faquin de cuisinier ?

MAÎTRE JACQUES

Je le sais bien.

VALÈRE

Et que vous ne me connaissez pas encore ?

MAÎTRE JACQUES

Pardonnez-moi.

VALÈRE

Vous me rosserez, dites-vous ?

MAÎTRE JACQUES

Je le disais en raillant.

VALÈRE

Et moi je ne prends point de goût à votre raillerie. *(donnant des coups de bâton à maître Jacques)* Apprenez que vous êtes un mauvais railleur.

MAÎTRE JACQUES, *seul*

Peste soit la sincérité ! c'est un mauvais métier : désormais j'y renonce, et je ne veux plus dire vrai. Passe encore pour mon maître, il a quelque droit de me battre ; mais pour ce monsieur l'intendant, je m'en vengerai, si je puis.

SCÈNE VII

MARIANE, FROSINE, MAÎTRE JACQUES

FROSINE

Savez-vous, maître Jacques, si votre maître est
au logis ?

MAÎTRE JACQUES

Oui, vraiment, il y est ; je ne le sais que trop.

FROSINE

Dites-lui, je vous prie, que nous sommes ici.

SCÈNE VIII

MARIANE, FROSINE

MARIANE

Ah ! que je suis, Frosine, dans un étrange état !
et, s'il faut dire ce que je sens, que j'appréhende
cette vue !

FROSINE

Mais pourquoi, et quelle est votre inquiétude ?

MARIANE

Hélas ! me le demandez-vous ? et ne vous figurez-vous point les alarmes d'une personne toute prête à voir le supplice où l'on veut l'attacher ?

FROSINE

Je vois bien que, pour mourir agréablement, Harpagon n'est pas le supplice que vous voudriez embrasser ; et je connais, à votre mine, que le jeune blondin, dont vous m'avez parlé, vous revient un peu dans l'esprit.

MARIANE

Oui. C'est une chose, Frosine, dont je ne veux pas me défendre ; et les visites respectueuses qu'il a rendues chez nous ont fait, je vous l'avoue, quelque effet dans mon âme.

FROSINE

Mais avez-vous su quel il est ?

MARIANE

Non ; je ne sais point quel il est. Mais je sais qu'il est fait d'un air à se faire aimer ; que si l'on pouvait mettre les choses à mon choix, je le prendrais plutôt qu'un autre, et qu'il ne contribue pas peu à me faire trouver un tourment effroyable dans l'époux qu'on veut me donner.

FROSINE

Mon Dieu ! tous ces blondins sont agréables,
et débitent fort bien leur fait, mais la plupart
sont gueux comme des rats : il vaut mieux, pour
vous, de prendre un vieux mari qui vous donne
beaucoup de bien. Je vous avoue que les sens
ne trouvent pas si bien leur compte du côté que
je dis, et qu'il y a quelques petits dégoûts à
essuyer avec un tel époux ; mais cela n'est pas
pour durer ; et sa mort, croyez-moi, vous mettra
bientôt en état d'en prendre un plus aimable,
qui réparera toutes choses.

MARIANE

Mon Dieu ! Frosine, c'est une étrange affaire,
lorsque, pour être heureuse, il faut souhaiter
ou attendre le trépas de quelqu'un, et la mort
ne suit pas tous les projets que nous faisons.

FROSINE

Vous moquez-vous ? Vous ne l'épousez qu'aux
conditions de vous laisser veuve bientôt ; et ce
doit être là un des articles du contrat. Il serait
bien impertinent de ne pas mourir dans trois
mois ! Le voici en propre personne.

MARIANE

Ah ! Frosine, quelle figure !

SCÈNE IX

HARPAGON, MARIANE, FROSINE

HARPAGON, *à Mariane*

Ne vous offensez pas, ma belle, si je viens à vous
avec des lunettes. Je sais que vos appas frappent
assez les yeux, sont assez visibles d'eux-mêmes,
et qu'il n'est pas besoin de lunettes pour les
apercevoir ; mais enfin, c'est avec des lunettes
qu'on observe les astres, et je maintiens et
garantis que vous êtes un astre ; mais un astre,
le plus bel astre qui soit dans le pays des astres.
Frosine, elle ne répond mot, et ne témoigne,
ce me semble, aucune joie de me voir.

FROSINE

C'est qu'elle est encore toute surprise ; et puis,
les filles ont toujours honte à témoigner
d'abord ce qu'elles ont dans l'âme.

HARPAGON, *à Frosine*

Tu as raison. *(à Mariane)* Voilà, belle mignonne,
ma fille qui vient vous saluer.

SCÈNE X

HARPAGON, ÉLISE, MARIANE, FROSINE

MARIANE

Je m'acquitte bien tard, madame, d'une telle
visite.

ÉLISE

Vous avez fait, madame, ce que je devais faire,
et c'était à moi de vous prévenir.

HARPAGON

Vous voyez qu'elle est grande ; mais mauvaise
herbe croît toujours.

MARIANE, *bas, à Frosine*

Oh ! l'homme déplaisant !

HARPAGON, *bas, à Frosine*

Que dit la belle ?

FROSINE

Qu'elle vous trouve admirable.

HARPAGON

C'est trop d'honneur que vous me faites,
adorable mignonne.

MARIANE, *à part*

Quel animal !

HARPAGON

Je vous suis obligé de ces sentiments.

MARIANE, *à part*

Je n'y puis plus tenir.

SCÈNE XI

HARPAGON, MARIANE, ÉLISE, CLÉANTE, VALÈRE, FROSINE, BRINDAVOINE

HARPAGON

Voici mon fils aussi, qui vous vient faire la révérence.

MARIANE, *bas, à Frosine*

Ah ! Frosine, quelle rencontre ! c'est justement celui dont je t'ai parlé.

FROSINE, *à Mariane*

L'aventure est merveilleuse.

HARPAGON

Je vois que vous vous étonnez de me voir de si grands enfants ; mais je serai bientôt défait et de l'un et de l'autre.

CLÉANTE, *à Mariane*

Madame, à vous dire le vrai, c'est ici une
aventure où, sans doute, je ne m'attendais pas ;
et mon père ne m'a pas peu surpris, lorsqu'il
m'a dit tantôt le dessein qu'il avait formé.

MARIANE

Je puis dire la même chose. C'est une rencontre
imprévue, qui m'a surprise autant que vous ;
et je n'étais point préparée à une pareille
aventure.

CLÉANTE

Il est vrai que mon père, madame, ne peut pas
faire un plus beau choix, et que ce m'est une
sensible joie que l'honneur de vous voir ; mais,
avec tout cela, je ne vous assurerai point que
je me réjouis du dessein où vous pourriez être
de devenir ma belle-mère. Le compliment, je
vous l'avoue, est trop difficile pour moi ; et c'est
un titre, s'il vous plaît, que je ne vous souhaite
point. Ce discours paraîtra brutal aux yeux de
quelques-uns ; mais je suis assuré que vous
serez personne à le prendre comme il faudra ;
que c'est un mariage, madame, où vous vous
imaginez bien que je dois avoir de la répugnance ; que vous n'ignorez pas, sachant ce que
je suis, comme il choque mes intérêts ; et que

vous voulez bien enfin que je vous dise, avec la permission de mon père, que, si les choses dépendaient de moi, cet hymen ne se ferait point.

HARPAGON

Voilà un compliment bien impertinent ! Quelle belle confession à lui faire !

MARIANE

Et moi, pour vous répondre, j'ai à vous dire que les choses sont fort égales ; et que, si vous auriez de la répugnance à me voir votre belle-mère, je n'en aurais pas moins, sans doute, à vous voir mon beau-fils. Ne croyez pas, je vous prie, que ce soit moi qui cherche à vous donner cette inquiétude. Je serais fort fâchée de vous causer du déplaisir, et si je ne m'y vois forcée par une puissance absolue, je vous donne ma parole que je ne consentirai point au mariage qui vous chagrine.

HARPAGON

Elle a raison. A sot compliment, il faut une réponse de même. Je vous demande pardon, ma belle, de l'impertinence de mon fils ; c'est une jeune sot qui ne sait pas encore la conséquence des paroles qu'il dit.

MARIANE

Je vous promets que ce qu'il m'a dit ne m'a

point du tout offensée ; au contraire, il m'a fait
plaisir de m'expliquer ainsi ses véritables
sentiments. J'aime de lui un aveu de la sorte ;
et s'il avait parlé d'autre façon, je l'en estimerais
bien moins.

HARPAGON

C'est beaucoup de bonté à vous, de vouloir ainsi
excuser ses fautes. Le temps le rendra plus sage,
et vous verrez qu'il changera de sentiments.

CLÉANTE

Non, mon père, je ne suis point capable d'en
changer, et je prie instamment madame de le
croire.

HARPAGON

Mais voyez quelle extravagance ! il continue
encore plus fort.

CLÉANTE

Voulez-vous que je trahisse mon cœur ?

HARPAGON

Encore ! avez-vous envie de changer de discours ?

CLÉANTE

Eh bien ! puisque vous voulez que je parle
d'autre façon, souffrez, madame, que je me
mette ici à la place de mon père, et que je vous

avoue que je n'ai rien vu dans le monde de si charmant que vous ;que je ne conçois rien d'égal au bonheur de vous plaire, et que le titre de votre époux est une gloire, une félicité que je préférerais aux destinées des plus grands princes de la terre. Oui, madame, le bonheur de vous posséder est, à mes regards, la plus belle de toutes les fortunes ; c'est où j'attache toute mon ambition. Il n'y a rien que je ne sois capable de faire pour une conquête si précieuse ; et les obstacles les plus puissants...

HARPAGON

Doucement, mon fils, s'il vous plaît.

CLÉANTE

C'est un compliment que je fais pour vous à madame.

HARPAGON

Mon Dieu ! j'ai une langue pour m'expliquer moi-même, et je n'ai pas besoin d'un procureur comme vous. Allons, donnez des sièges.

FROSINE

Non ; il vaut mieux que, de ce pas, nous allions à la foire, afin d'en revenir plus tôt, et d'avoir tout le temps ensuite de nous entretenir.

HARPAGON, à *Brindavoine*

Qu'on mette donc les chevaux au carrosse.

SCÈNE XII

HARPAGON, MARIANE, ÉLISE, CLÉANTE,
VALÈRE, FROSINE

HARPAGON, *à Mariane*

Je vous prie de m'excuser, ma belle, si je n'ai pas songé à vous donner un peu de collation avant que de partir.

CLÉANTE

J'y ai pourvu, mon père, et j'ai fait apporter ici quelques bassins d'oranges de la Chine, de citrons doux, et de confitures, que j'ai envoyé quérir de votre part.

HARPAGON, *bas, à Valère*

Valére !

VALÈRE, *à Harpagon*

Il a perdu le sens.

CLÉANTE

Est-ce que vous trouvez, mon père, que ce ne soit pas assez ? Madame aura la bonté d'excuser cela, s'il lui plaît.

MARIANE

C'est une chose qui n'était pas nécessaire.

CLÉANTE

Avez-vous jamais vu, madame, un diamant plus vif que celui que vous voyez que mon père a au doigt ?

MARIANE

Il est vrai qu'il brille beaucoup.

CLÉANTE, *ôtant du doigt de son père le diamant,*
et le donnant à Mariane

Il faut que vous le voyiez de près.

MARIANE

Il est fort beau sans doute, et jette quantité de feux.

CLÉANTE, *se mettant au-devant de Mariane,*
qui veut rendre le diamant

Nenni, madame, il est en de trop belles mains. C'est un présent que mon père vous a fait.

HARPAGON

Moi ?

CLÉANTE

N'est-il pas vrai, mon père, que vous voulez que madame le garde pour l'amour de vous ?

HARPAGON, *bas, à son fils*

Comment ?

CLÉANTE, *à Mariane*

Belle demande ! il me fait signe de vous le faire
accepter.

MARIANE

Je ne veux point...

CLÉANTE, *à Mariane*

Vous moquez-vous ? Il n'a garde de le
reprendre.

HARPAGON, *à part*

J'enrage !

MARIANE

Ce serait...

CLÉANTE, *empêchant toujours Mariane*
de rendre le diamant

Non, vous dis-je, c'est l'offenser.

MARIANE

De grâce...

CLÉANTE

Point du tout.

HARPAGON, *à part*

Peste soit...

CLÉANTE

Le voilà qui se scandalise de votre refus.

HARPAGON, *bas, à son fils*

Ah ! traître !

CLÉANTE, *à Mariane*

Vous voyez qu'il se désespère.

HARPAGON, *bas, à son fils, en le menaçant*

Bourreau que tu es !

CLÉANTE

Mon père, ce n'est pas ma faute. Je fais ce que je puis pour l'obliger à le garder ; mais elle est obstinée.

HARPAGON, *bas, à son fils, en le menaçant*

Pendard !

CLÉANTE

Vous êtes cause, madame, que mon père me querelle.

HARPAGON, *bas, à son fils, avec les mêmes gestes*

Le coquin !

CLÉANTE, *à Mariane*

Vous le ferez tomber malade. De grâce, madame, ne résistez point davantage.

FROSINE, *à Mariane*

Mon Dieu ! que de façons ! Gardez la bague,
puisque monsieur le veut.

MARIANE, *à Harpagon*

Pour ne vous point mettre en colère, je la garde
maintenant, et je prendrai un autre temps pour
vous la rendre.

SCÈNE XIII

HARPAGON, MARIANE, ÉLISE, CLÉANTE,
VALÈRE, FROSINE, BRINDAVOINE

BRINDAVOINE

Monsieur, il y a là un homme qui veut vous
parler.

HARPAGON

Dis-lui que je suis empêché, et qu'il revienne
une autre fois.

BRINDAVOINE

Il dit qu'il vous apporte de l'argent.

HARPAGON, *à Mariane*

Je vous demande pardon ; je reviens tout à
l'heure.

SCÈNE XIV

HARPAGON, MARIANE, ÉLISE, CLÉANTE,
VALÈRE, FROSINE, LA MERLUCHE

LA MERLUCHE
courant et faisant tomber Harpagon

Monsieur...

HARPAGON

Ah ! je suis mort.

CLÉANTE

Qu'est-ce, mon père ? vous êtes-vous fait mal ?

HARPAGON

Le traître assurément a reçu de l'argent de mes
débiteurs, pour me faire rompre le cou.

VALÈRE, *à Harpagon*

Cela ne sera bien.

LA MERLUCHE, *à Harpagon*

Monsieur, je vous demande pardon, je croyais
bien faire d'accourir vite.

HARPAGON

Que viens-tu faire ici, bourreau ?

LA MERLUCHE

Vous dire que vos deux chevaux sont déferrés.

HARPAGON

Qu'on les mène promptement chez le maréchal.

CLÉANTE

En attendant qu'ils soient ferrés, je vais faire
pour vous, mon père, les honneurs de votre
logis, et conduire madame dans le jardin, où
je ferai porter la collation.

SCÈNE XV

HARPAGON, VALÈRE

HARPAGON

Valère, aie un peu l'œil à tout cela, et prends
soin, je te prie, de m'en sauver le plus que tu
pourras, pour le renvoyer au marchand.

VALÈRE

C'est assez.

HARPAGON, seul

O fils impertinent ! as-tu envie de me ruiner ?

Acte
quatrième

SCÈNE I

CLÉANTE, MARIANE, ÉLISE, FROSINE

CLÉANTE

Rentrons ici ; nous serons beaucoup mieux. Il n'y a plus autour de nous personne de suspect, et nous pouvons parler librement.

ÉLISE

Oui, madame, mon frère m'a fait confidence de la passion qu'il a pour vous. Je sais les chagrins et les déplaisirs que sont capables de causer de pareilles traverses ; et c'est, je vous assure, avec une tendresse extrême que je m'intéresse à votre aventure.

FROSINE

Vous êtes, par ma foi, de malheureuses gens

l'un et l'autre, de ne m'avoir point, avant tout
ceci, avertie de votre affaire. Je vous aurais, sans
doute, détourné cette inquiétude, et n'aurais
point amené les choses où l'on voit qu'elles
sont.

CLÉANTE

Que veux-tu ? C'est ma mauvaise destinée qui
l'a voulu ainsi. Mais, belle Mariane, quelles
résolutions sont les vôtres ?

MARIANE

Hélas ! suis-je en pouvoir de faire des résolutions ? Et, dans la dépendance où je me vois,
puis-je former que des souhaits ?

CLÉANTE

Point d'autre appui pour moi dans votre cœur
que de simples souhaits ? Point de pitié
officieuse ? Point de secourable bonté ? Point
d'affection agissante ?

MARIANE

Que saurais-je vous dire ! Mettez-vous en ma
place, et voyez ce que je puis faire. Avisez,
ordonnez vous-même : je m'en remets à vous ;
et je vous crois trop raisonnable pour vouloir
exiger de moi que ce qui peut m'être permis
par l'honneur et la bienséance.

CLÉANTE

Hélas ! où me réduisez-vous, que de me
renvoyer à ce que voudront me permettre les
fâcheux sentiments d'un rigoureux honneur et
d'une scrupuleuse bienséance ?

MARIANE

Mais que voulez-vous que je fasse ? Quand je
pourrais passer sur quantité d'égards où notre
sexe est obligé, j'ai de la considération pour ma
mère. Elle m'a toujours élevée avec une
tendresse extrême, et je ne saurai me résoudre
à lui donner du déplaisir. Faites, agissez auprès
d'elle ; employez tous vos soins à gagner son
esprit. Vous pouvez faire et dire tout ce que
vous voudrez, je vous en donne la licence ; et
s'il ne tient qu'à me déclarer en votre faveur,
je veux bien consentir à lui faire un aveu,
moi-même, de tout ce que je sens pour vous.

CLÉANTE

Frosine, ma pauvre Frosine, voudrais-tu nous
servir ?

FROSINE

Par ma foi faut-il le demander ? je le voudrais
de tout mon cœur. Vous savez que, de mon
naturel, je suis assez humaine. Le ciel ne m'a
point fait l'âme de bronze, et je n'ai que trop

de tendresse à rendre de petits services, quand je vois des gens qui s'entr'aiment en tout bien et en tout honneur. Que pourrions-nous faire à ceci ?

CLÉANTE

Songe un peu, je te prie.

MARIANE

Ouvre-nous des lumières.

ÉLISE

Trouve quelque invention pour rompre ce que tu as fait.

FROSINE

Ceci est assez difficile. (*à Mariane*) Pour votre mère, elle n'est pas tout à fait déraisonnable, et peut-être pourrait-on la gagner et la résoudre à transporter au fils le don qu'elle veut faire au père. (*à Cléante*) Mais le mal que j'y trouve, c'est que votre père est votre père.

CLÉANTE

Cela s'entend.

FROSINE

Je veux dire qu'il conservera du dépit si l'on montre qu'on le refuse, et qu'il ne sera point d'humeur ensuite à donner son consentement à votre mariage. Il faudrait, pour bien faire, que

le refus vint de lui-même, et tâcher, par quelque
moyen, de le dégoûter de votre personne.

CLÉANTE

Tu as raison.

FROSINE

Oui, j'ai raison ; je le sais bien. C'est là ce qu'il
faudrait ; mais le diantre est d'en pouvoir
trouver les moyens. Attendez : si nous avions
quelque femme un peu sur l'âge qui fût de mon
talent, et jouât assez bien pour contrefaire une
dame de qualité, par le moyen d'un train fait
à la hâte, et d'un bizarre nom de marquise ou
de vicomtesse, que nous supposerions de la
basse Bretagne, j'aurais assez d'adresse pour
faire accroire à votre père que ce serait une
personne riche, outre ses maisons, de cent mille
écus en argent comptant ; qu'elle serait éperdu-
ment amoureuse de lui, et souhaiterait de se
voir sa femme, jusqu'à lui donner tout son bien
par contrat de mariage ; et je ne doute point
qu'il ne prêtât l'oreille à la proposition. Car
enfin, il vous aime fort, je le sais, mais il aime
un peu plus l'argent ; et quand, ébloui de ce
leurre, il aurait une fois consenti à ce qui vous
touche, il importerait peu ensuite qu'il se
désabusât, en venant à vouloir voir clair aux
effets de notre marquise.

CLÉANTE

Tout cela est fort bien pensé.

FROSINE

Laissez-moi faire. Je viens de me ressouvenir d'une de mes amies qui sera notre fait.

CLÉANTE

Sois assurée Frosine, de ma reconnaissance, si tu viens à bout de la chose. Mais, charmante Mariane, commençons, je vous prie, par gagner votre mère ; c'est toujours beaucoup faire que de rompre ce mariage. Faites-y de votre part, je vous en conjure, tous les efforts qu'il vous sera possible. Servez-vous de tout le pouvoir que vous donne sur elle cette amitié qu'elle a pour vous. Déployez sans réserve les grâces éloquentes, les charmes tout-puissants que le ciel a placés dans vos yeux et dans votre bouche ; et n'oubliez rien, s'il vous plaît, de ces tendres paroles, de ces douces prières, et de ces caresses touchantes, à qui je suis persuadé qu'on ne saurait rien refuser.

MARIANE

J'y ferai tout ce que je puis, et n'oublierai aucune chose.

SCÈNE II

HARPAGON, CLÉANTE, MARIANE, ÉLISE, FROSINE

HARPAGON, *à part, sans être aperçu*

Ouais ! mon fils baise la main de sa prétendue belle-mère ; et sa prétendue belle-mère ne s'en défend pas fort ! Y aurait-il quelque mystère là-dessous ?

ÉLISE

Voilà mon père.

HARPAGON

Le carrosse est tout prêt ; vous pouvez partir quand il vous plaira.

CLÉANTE

Puisque vous n'y allez pas, mon père, je m'en vais les conduire.

HARPAGON

Non : demeurez. Elles iront bien toutes seules, et j'ai besoin de vous.

SCÈNE III

HARPAGON, CLÉANTE

HARPAGON

Or çà, intérêt de belle-mère à part, que te semble, à toi, de cette personne ?

CLÉANTE

Ce qui m'en semble ?

HARPAGON

Oui, de son air, de sa taille, de sa beauté, de son esprit ?

CLÉANTE

La, la.

HARPAGON

Mais encore ?

CLÉANTE

A vous en parler franchement, je ne l'ai pas trouvée ici ce que je l'avais crue. Son air est de franche coquette, sa taille est assez gauche, sa beauté très médiocre et son esprit des plus communs. Ne croyez pas que ce soit, mon père, pour vous en dégoûter ; car, belle-mère pour belle-mère, j'aime autant celle-là qu'une autre.

HARPAGON

Tu lui disais tantôt pourtant...

CLÉANTE

Je lui ai dit quelques douceurs en votre nom, mais c'était pour vous plaire.

HARPAGON

Si bien donc que tu n'aurais pas d'inclination pour elle ?

CLÉANTE

Moi ? point du tout.

HARPAGON

J'en suis fâché, car cela rompt une pensée qui m'était venue dans l'esprit. J'ai fait, en la voyant ici, réflexion sur mon âge, et j'ai songé qu'on pourra trouver à redire de me voir marier à une si jeune personne. Cette considération m'en faisait quitter le dessein, et comme je l'ai fait demander, et que je suis pour elle engagé de parole, je te l'aurais donnée, sans l'aversion que tu témoignes.

CLÉANTE

A moi ?

HARPAGON

A toi.

CLÉANTE

En mariage ?

HARPAGON

En mariage.

CLÉANTE

Écoutez. Il est vrai qu'elle n'est pas fort à mon goût ; mais, pour vous faire plaisir, mon père, je me résoudrai à l'épouser, si vous voulez.

HARPAGON

Moi, je suis plus raisonnable que tu ne penses. Je ne veux point forcer ton inclination.

CLÉANTE

Pardonnez-moi ; je me ferai cet effort pour l'amour de vous.

HARPAGON

Non, non. Un mariage ne saurait être heureux où l'inclination n'est pas.

CLÉANTE

C'est une chose, mon père, qui peut-être viendra ensuite ; et l'on dit que l'amour est souvent un fruit du mariage.

HARPAGON

Non. Du côté de l'homme, on ne doit point risquer l'affaire ; et ce sont des suites fâcheuses, où je n'ai garde de me commettre. Si tu avais senti quelque inclination pour elle, à la bonne heure ; je te l'aurais fait épouser au lieu de moi ; mais, cela n'étant pas, je suivrai mon premier dessein, et je l'épouserai moi-même.

CLÉANTE

Et bien ! mon père, puisque les choses sont ainsi, il faut vous découvrir mon cœur ; il faut vous révéler notre secret. La vérité est que je l'aime depuis un jour que je la vis dans une promenade ; que mon dessein était tantôt de vous la demander pour femme, et que rien ne m'a retenu que la déclaration de vos sentiments, et la crainte de vous déplaire.

HARPAGON

Lui avez-vous rendu visite ?

CLÉANTE

Oui, mon père.

HARPAGON

Beaucoup de fois ?

CLÉANTE

Assez, pour le temps qu'il y a.

HARPAGON

Vous a-t-on bien reçu ?

CLÉANTE

Fort bien, mais sans savoir qui j'étais, et c'est ce qui a fait tantôt la surprise de Mariane.

HARPAGON

Lui avez-vous déclaré votre passion, et le dessein où vous étiez de l'épouser ?

CLÉANTE

Sans doute ; et même j'en avais fait à sa mère quelque peu d'ouverture.

HARPAGON

A-t-elle écouté, pour sa fille, votre proposition ?

CLÉANTE

Oui, fort civilement.

HARPAGON

Et la fille correspond-elle fort à votre amour ?

CLÉANTE

Si j'en dois croire les apparences, je me persuade, mon père, qu'elle a quelque bonté pour moi.

HARPAGON, *bas, à part*

Je suis bien aise d'avoir appris un tel secret ;

et voilà justement ce que je demandais. *(haut)*
Or sus, mon fils savez-vous ce qu'il y a ? C'est
qu'il faut songer, s'il vous plaît, à vous défaire
de votre amour, à cesser toutes vos poursuites
auprès d'une personne que je prétends pour
moi, et à vous marier dans peu avec celle qu'on
vous destine.

CLÉANTE

Oui, mon père ; c'est ainsi que vous jouez ! Eh
bien ! puisque les choses en sont venues là, je
vous déclare, moi, que je ne quitterai point la
passion que j'ai pour Mariane ; qu'il n'y a point
d'extrémité où je ne m'abandonne pour vous
disputer sa conquête ; et que, si vous avez pour
vous le consentement d'une mère, j'aurai
d'autres secours, peut-être, qui combattront
pour moi.

HARPAGON

Comment, pendard, tu as l'audace d'aller sur
mes brisées !

CLÉANTE

C'est vous qui allez sur les miennes, et je suis
le premier en date.

HARPAGON

Ne suis-je pas ton père, et ne me dois-tu pas
respect ?

CLÉANTE

Ce ne sont point ici des choses où les enfants soient obligés de déférer aux pères, et l'amour ne connaît personne.

HARPAGON

Je te ferai bien me connaître avec de bons coups de bâton.

CLÉANTE

Toutes vos menaces ne feront rien.

HARPAGON

Tu renonceras à Mariane.

CLÉANTE

Point du tout.

HARPAGON

Donnez-moi un bâton tout à l'heure.

SCÈNE IV

HARPAGON, CLÉANTE, MAÎTRE JACQUES

MAÎTRE JACQUES

Hé, hé, hé ! messieurs, qu'est ceci ? à quoi songez-vous ?

CLÉANTE

Je me moque de cela.

MAÎTRE JACQUES, *à Cléante*

Ah ! monsieur, doucement.

HARPAGON

Me parler avec cette impudence !

MAÎTRE JACQUES, *à Harpagon*

Ah ! monsieur, de grâce.

CLÉANTE

Je n'en démordrai point.

MAÎTRE JACQUES, *à Cléante*

Et quoi ! à votre père ?

HARPAGON

Laisse-moi faire.

MAÎTRE JACQUES, *à Harpagon*

Eh quoi ! à votre fils ? Encore passe pour moi.

HARPAGON

Je te veux faire toi-même, maître Jacques, juge de cette affaire, pour montrer comme j'ai raison.

MAÎTRE JACQUES

J'y consens. *(à Cléante)* Éloignez-vous un peu.

HARPAGON

J'aime une fille que je veux épouser ; et le pendard a l'insolence de l'aimer avec moi, et d'y prétendre malgré mes ordres.

MAÎTRE JACQUES

Ah ! il a tort.

HARPAGON

N'est-ce pas une chose épouvantable, qu'un fils qui veut entrer en concurrence avec son père ? et ne doit-il pas, par respect, s'abstenir de toucher à mes inclinations ?

MAÎTRE JACQUES

Vous avez raison. Laissez-moi lui parler, et demeurez là.

CLÉANTE, *à maître Jacques, qui s'approche de lui*

Eh bien ! oui, puisqu'il veut te choisir pour juge, je n'y recule point ; il ne m'importe qui ce soit ; et je veux bien aussi me rapporter à toi, maître Jacques, de notre différend.

MAÎTRE JACQUES

C'est beaucoup d'honneur que vous me faites.

CLÉANTE

Je suis épris d'une jeune personne qui répond à mes vœux, et reçoit tendrement les offres de ma foi : et mon père s'avise de venir troubler notre amour, par la demande qu'il en fait faire.

MAÎTRE JACQUES

Il a tort assurément.

CLÉANTE

N'a-t-il point de honte, à son âge, de songer à se marier ? Lui sied-il bien d'être encore amoureux, et ne devrait-il pas laisser cette occupation aux jeunes gens ?

MAÎTRE JACQUES

Vous avez raison. Il se moque. Laissez-moi lui dire deux mots. *(à Harpagon)* Et bien ! votre fils n'est pas si étrange que vous le dites, et il se met à la raison. Il dit qu'il sait le respect qu'il vous doit, et qu'il ne s'est emporté que dans la première chaleur ; et qu'il ne fera point refus de se soumettre à ce qu'il vous plaira, pourvu que vous vouliez le traiter mieux que vous ne faites, et lui donner quelque personne en mariage dont il ait lieu d'être content.

HARPAGON

Ah ! dis-lui, maître Jacques, que, moyennant cela, il pourra espérer toutes choses de moi, et que, hors Mariane, je lui laisse la liberté de choisir celle qu'il voudra.

MAÎTRE JACQUES

Laissez-moi faire. *(à Cléante)* Eh bien ! votre
père n'est pas si déraisonnable que vous le
faites ; et il m'a témoigné que ce sont vos
emportements qui l'ont mis en colère ; qu'il
n'en veut seulement qu'à votre manière d'agir ;
et qu'il sera fort disposé à vous accorder ce que
vous souhaitez, pourvu que vous vouliez vous
y prendre par la douceur, et lui rendre les
déférences, les respects et les soumissions
qu'un fils doit à son père.

CLÉANTE

Ah ! maître Jacques, tu peux lui assurer que,
s'il m'accorde Mariane, il me verra toujours le
plus soumis de tous les hommes, et que jamais
je ne ferai aucune chose que par ses volontés.

MAÎTRE JACQUES, *à Harpagon*

Cela est fait ; il consent à ce que vous dites.

HARPAGON

Voilà qui va le mieux du monde.

MAÎTRE JACQUES, *à Cléante*

Tout est conclu ; il est content de vos
promesses.

CLÉANTE

Le ciel en soit loué !

MAÎTRE JACQUES

Messieurs, vous n'avez qu'à parler ensemble :
vous voilà d'accord maintenant, et vous alliez
vous quereller, faute de vous entendre.

CLÉANTE

Mon pauvre maître Jacques, je te serai obligé
toute ma vie.

MAÎTRE JACQUES

Il n'y a pas de quoi, monsieur.

HARPAGON

Tu m'as fait plaisir, maître Jacques ; et cela
mérite une récompense. (*Harpagon fouille dans
sa poche ; maître Jacques tend la main, mais Harpagon
ne tire que son mouchoir en disant.*) Va, je m'en
souviendrai, je t'assure.

MAÎTRE JACQUES

Je vous baise les mains.

SCÈNE V

HARPAGON, CLÉANTE

CLÉANTE

Je vous demande pardon, mon père, de l'emportement que j'ai fait paraître.

HARPAGON

Cela n'est rien.

CLÉANTE

Je vous assure que j'en ai tous les regrets du monde.

HARPAGON

Et moi, j'ai toutes les joies du monde de te voir raisonnable.

CLÉANTE

Quelle bonté à vous d'oublier si vite ma faute !

HARPAGON

On oublie aisément les fautes des enfants lorsqu'ils rentrent dans leur devoir.

CLÉANTE

Quoi ! ne garder aucun ressentiment de toutes mes extravagances !

HARPAGON

C'est une chose où tu m'obliges, par la soumission et le respect où tu te ranges.

CLÉANTE

Je vous promets, mon père, que, jusque au tombeau, je conserverai dans mon cœur le souvenir de vos bontés.

HARPAGON

Et moi, je te promets qu'il n'y aura aucune chose que de moi tu n'obtiennes.

CLÉANTE

Ah ! mon père, je ne vous demande plus rien ; et c'est m'avoir assez donné que de me donner Mariane.

HARPAGON

Comment ?

CLÉANTE

Je dis, mon père, que je suis trop content de vous, et que je trouve toutes choses dans la bonté que vous avez de m'accorder Mariane.

HARPAGON

Qui est-ce qui parle de t'accorder Mariane ?

CLÉANTE

Vous, mon père.

HARPAGON

Moi ?

CLÉANTE

Sans doute.

HARPAGON

Comment ! c'est toi qui as promis d'y renoncer.

CLÉANTE

Moi, y renoncer ?

HARPAGON

Oui.

CLÉANTE

Point du tout.

HARPAGON

Tu ne t'es pas départi d'y prétendre ?

CLÉANTE

Au contraire, j'y suis porté plus que jamais.

HARPAGON

Quoi ! pendard, derechef ?

CLÉANTE

Rien ne me peut changer.

HARPAGON

Laisse-moi faire, traître.

CLÉANTE

Faites tous ce qu'il vous plaira.

HARPAGON

Je te défends de me jamais voir.

CLÉANTE

A la bonne heure.

HARPAGON

Je t'abandonne.

CLÉANTE

Abandonnez.

HARPAGON

Je te renonce pour mon fils.

CLÉANTE

Soit.

HARPAGON

Je te déshérite.

CLÉANTE

Tout ce que vous voudrez.

HARPAGON

Et je te donne ma malédiction.

CLÉANTE

Je n'ai que faire de vos dons.

SCÈNE VI

CLÉANTE, LA FLÈCHE

LA FLÈCHE, *sortant du jardin avec une cassette*
Ah ! monsieur, que je vous trouve à propos !
Suivez-moi vite.

CLÉANTE

Qu'y a-t-il ?

LA FLÈCHE

Suivez-moi, vous dis-je ; nous sommes bien.

CLÉANTE

Comment ?

LA FLÈCHE

Voici votre affaire.

CLÉANTE

Quoi ?

LA FLÈCHE

J'ai guigné ceci tout le jour.

CLÉANTE

Qu'est-ce que c'est ?

LA FLÈCHE

Le trésor de votre père que j'ai attrapé.

CLÉANTE

Comment as-tu fait ?

LA FLÈCHE

Vous saurez tout. Sauvons-nous ; je l'entends crier.

SCÈNE VII

HARPAGON, *criant au voleur dès le jardin*

Au voleur ! au voleur ! à l'assassin ! au meur-
trier ! Justice ! juste ciel ! je suis perdu, je suis
assassiné ; on m'a coupé la gorge ; on m'a
dérobé mon argent. Qui peut-ce être ? Qu'est
il devenu ? Où est-il ? Où se cache-t-il ? Que
ferai-je pour le trouver ? Où courir ? Où ne pas
courir ? N'est-il point là ? N'est-il point ici ? Qui
est-ce ? Arrête. *(à lui-même, se prenant par le bras)*
Rends-moi mon argent, coquin... Ah ! c'est
moi ! Mon esprit est troublé, et j'ignore où je
suis, qui je suis, et ce que je fais. Hélas ! mon
pauvre argent ! mon pauvre argent ! mon cher
ami ! on m'a privé de toi ; et puisque tu m'es

enlevé, j'ai perdu mon support, ma consolation, ma joie : tout est fini pour moi, et je n'ai plus que faire au monde. Sans toi, il m'est impossible de vivre. C'en est fait ; je n'en puis plus ; je me meurs ; je suis mort ; je suis enterré. N'y a-t-il personne qui veuille me ressusciter, en me rendant mon cher argent, ou en m'apprenant qui l'a pris ? Euh ! que dites-vous ? Ce n'est personne. Il faut, qui que ce soit qui ait fait le coup, qu'avec beaucoup de soin on ait épié l'heure ; et l'on a choisi justement le temps que je parlais à mon traître de fils. Sortons. Je veux aller querir la justice, et faire donner la question à toute ma maison : à servantes, à valets, à fils, à fille, et à moi aussi. Que de gens assemblés ! Je ne jette mes regards sur personne qui ne me donne des soupçons, et tout me semble mon voleur. Hé ! de quoi est-ce qu'on parle là ? de celui qui m'a dérobé ? Quel bruit fait-on là-haut ? Est-ce mon voleur qui y est ? De grâce, si l'on sait des nouvelles de mon voleur, je supplie que l'on m'en dise. N'est-il point caché là parmi vous ? Ils me regardent tous, et se mettent à rire. Vous verrez qu'ils ont part, sans doute, au vol que l'on m'a fait. Allons vite, des commissaires, des archers, des prévôts, des juges, des gênes, des potences et des bour-reaux. Je veux faire pendre tout le monde ; et si je ne retrouve mon argent, je me pendrai moi-même après.

Acte cinquième

SCÈNE I

HARPAGON, UN COMMISSAIRE

LE COMMISSAIRE

Laissez-moi faire ; je sais mon métier, Dieu merci. Ce n'est pas d'aujourd'hui que je me mêle de découvrir des vols ; et je voudrais avoir autant de sacs de mille francs que j'ai fait pendre de personnes.

HARPAGON

Tous les magistrats sont intéressés à prendre cette affaire en main ; et si l'on ne me fait retrouver mon argent, je demanderai justice de la justice.

LE COMMISSAIRE

Il faut faire toutes les poursuites requises. Vous dites qu'il y avait dans cette cassette...

HARPAGON

Dix mille écus bien comptés.

LE COMMISSAIRE

Dix mille écus !

HARPAGON

Dix mille écus.

LE COMMISSAIRE

Le vol est considérable !

HARPAGON

Il n'y a point de supplice assez grand pour
l'énormité de ce crime ; et s'il demeure impuni,
les choses les plus sacrées ne sont plus en
sûreté.

LE COMMISSAIRE

En quelles espèces était cette somme ?

HARPAGON

En bons louis d'or et pistoles bien trébuchantes.

LE COMMISSAIRE

Qui soupçonnez-vous de ce vol ?

HARPAGON

Tout le monde ; et je veux que vous arrêtiez
prisonniers la ville et les faubourgs.

LE COMMISSAIRE

Il faut, si vous m'en croyez, n'effaroucher

personne, et tâcher doucement d'attraper quelques preuves, afin de procéder après, par la rigueur, au recouvrement des deniers qui vous ont été pris.

SCÈNE II

HARPAGON, UN COMMISSAIRE, MAÎTRE JACQUES

MAÎTRE JACQUES, *dans le fond du théâtre,
en se retournant du côté par lequel il est entré*

Je m'en vais revenir. Qu'on me l'égorge tout à l'heure, qu'on me lui fasse griller les pieds ; qu'on me le mette dans l'eau bouillante, et qu'on me le pende au plancher.

HARPAGON, *à maître Jacques*

Qui ? celui qui m'a dérobé ?

MAÎTRE JACQUES

Je parle d'un cochon de lait que votre intendant me vient d'envoyer, et je veux vous l'accommoder à ma fantaisie.

HARPAGON

Il n'est pas question de cela ; et voilà monsieur à qui il faut parler d'autre chose.

LE COMMISSAIRE *à maître Jacques*

Ne vous épouvantez point. Je suis un homme à ne vous point scandaliser, et les choses iront dans la douceur.

MAÎTRE JACQUES

Monsieur est de votre souper ?

LE COMMISSAIRE

Il faut ici, mon cher ami, ne rien cacher à votre maître.

MAÎTRE JACQUES

Ma foi, monsieur, je montrerai tout ce que je sais faire, et je vous traiterai du mieux qu'il me sera possible.

HARPAGON

Ce n'est pas là l'affaire.

MAÎTRE JACQUES

Si je ne vous fais pas aussi bonne chère que je voudrais, c'est la faute de monsieur votre intendant, qui m'a rogné les ailes avec les ciseaux de son économie.

HARPAGON

Traître ! il s'agit d'autre chose que de souper ; et je veux que tu me dises des nouvelles de l'argent qu'on m'a pris.

MAÎTRE JACQUES

On vous a pris de l'argent ?

HARPAGON

Oui, coquin ; et je m'en vais te faire pendre,
si tu ne me le rends.

LE COMMISSAIRE, *à Harpagon*

Mon dieu ! ne le maltraitez point. Je vois à sa
mine qu'il est honnête homme ; et que, sans se
faire mettre en prison, il vous découvrira ce que
vous voulez savoir. Oui, mon ami, si vous nous
confessez la chose, il ne vous sera fait aucun
mal, et vous serez récompensé comme il faut
par votre maître. On lui a pris aujourd'hui son
argent ; et il n'est pas que vous ne sachiez
quelques nouvelles de cette affaire.

MAÎTRE JACQUES, *bas, à part*

Voici justement ce qu'il me faut pour me venger
de notre intendant. Depuis qu'il est entré céans,
il est le favori ; on n'écoute que ses conseils ;
et j'ai aussi sur le cœur les coups de bâton de
tantôt.

HARPAGON

Qu'as-tu à ruminer ?

LE COMMISSAIRE, *à Harpagon*

Laissez-le faire. Il se prépare à vous contenter ;
et je vous ai bien dit qu'il était honnête homme.

MAÎTRE JACQUES

Monsieur, si vous voulez que je vous dise les choses, je crois que c'est monsieur votre cher intendant qui a fait le coup.

HARPAGON

Valère !

MAÎTRE JACQUES

Oui.

HARPAGON

Lui ! qui me paraît si fidèle ?

MAÎTRE JACQUES

Lui-même. Je crois que c'est lui qui vous a dérobé.

HARPAGON

Et sur quoi le crois-tu ?

MAÎTRE JACQUES

Sur quoi ?

HARPAGON

Oui.

MAÎTRE JACQUES

Je le crois... sur ce que je le crois.

LE COMMISSAIRE

Mais il est nécessaire de dire les indices que vous avez.

HARPAGON

L'as-tu vu rôder autour du lieu où j'avais mis mon argent ?

MAÎTRE JACQUES

Oui, vraiment. Où était-il votre argent ?

HARPAGON

Dans le jardin.

MAÎTRE JACQUES

Justement ; je l'ai vu rôder dans le jardin. Et dans quoi est-ce que cet argent était ?

HARPAGON

Dans une cassette.

MAÎTRE JACQUES

Voilà l'affaire. Je lui ai vu une cassette.

HARPAGON

Et cette cassette, comment est-elle faite ? Je verrai bien si c'est la mienne.

MAÎTRE JACQUES

Comment elle est faite ?

HARPAGON

Oui.

MAÎTRE JACQUES

Elle est faite... elle est faite comme une cassette.

LE COMMISSAIRE

Cela s'entend. mais dépeignez-la un peu, pour voir.

MAÎTRE JACQUES

C'est une grande cassette.

HARPAGON

Celle qu'on m'a volée est petite.

MAÎTRE JACQUES

Hé ! oui, elle est petite, si on le veut prendre par là ; mais je l'appelle grande pour ce qu'elle contient.

LE COMMISSAIRE

Et de quelle couleur est-elle ?

MAÎTRE JACQUES

De quelle couleur ?

LE COMMISSAIRE

Oui.

MAÎTRE JACQUES

Elle est de couleur... là, d'une certaine couleur... Ne sauriez-vous m'aider à dire ?

HARPAGON

Euh ?

MAÎTRE JACQUES

N'est-elle pas rouge ?

HARPAGON

Non, grise.

MAÎTRE JACQUES

Hé ! oui, gris-rouge ; c'est ce que je voulais dire.

HARPAGON

Il n'y a point de doute, c'est elle assurément.
Écrivez, monsieur, écrivez sa déposition. Ciel !
à qui désormais se fier ! Il ne faut plus jurer
de rien ; et je crois, après cela, que je suis
homme à me voler moi-même.

MAÎTRE JACQUES, *à Harpagon*

Monsieur, le voici qui revient. Ne lui allez pas
dire, au moins, que c'est moi qui vous ai
découvert cela.

SCÈNE III

HARPAGON, UN COMMISSAIRE, VALÈRE, MAÎTRE JACQUES

HARPAGON

Approche, viens confesser l'action la plus noire,
l'attentat le plus horrible qui jamais ait été
commis.

VALÈRE

Que voulez-vous, monsieur ?

HARPAGON

Comment, traître ! tu ne rougis pas de ton crime ?

VALÈRE

De quel crime voulez-vous donc parler ?

HARPAGON

De quel crime je veux parler, infâme ! comme si tu ne savais pas ce que je veux dire ! C'est en vain que tu prétendrais de le déguiser ; l'affaire est découverte, et l'on vient de m'apprendre tout. Comment abuser ainsi de ma bonté, et s'introduire exprès chez moi pour me trahir, pour me jouer un tour de cette nature ?

VALÈRE

Monsieur, puisqu'on vous a découvert tout, je ne veux point chercher de détours, et vous nier la chose.

MAÎTRE JACQUES, *à part*

Oh ! oh ! aurais-je deviné sans y penser ?

VALÈRE

C'était mon dessein de vous en parler, et je voulais attendre, pour cela, des conjonctures favorables ; mais puisqu'il est ainsi, je vous conjure de ne vous point fâcher, et de vouloir entendre mes raisons.

HARPAGON

Et quelles belles raisons peux-tu me donner, voleur infâme ?

VALÈRE

Ah ! monsieur, je n'ai pas mérité ces noms. Il est vrai que j'ai commis une offense envers vous ; mais, après tout, ma faute est pardonnable.

HARPAGON

Comment ! pardonnable ! un guet-apens, un assassinat de la sorte !

VALÈRE

De grâce, ne vous mettez point en colère. Quand vous m'aurez ouï, vous verrez que le mal n'est pas si grand que vous le faites.

HARPAGON

Le mal n'est pas si grand que je le fais ! Quoi ! mon sang, mes entrailles, pendard !

VALÈRE

Votre sang, monsieur, n'est pas tombé dans de mauvaises mains. Je suis d'une condition à ne lui point faire de tort ; et il n'y a rien, en tout ceci, que je ne puisse bien réparer.

HARPAGON

C'est bien mon intention, et que tu me restitues ce que tu m'as ravi.

VALÈRE

Votre honneur, monsieur, sera pleinement satisfait.

HARPAGON

Il n'est pas question d'honneur là-dedans. Mais, dis-moi, qui t'a porté à cette action ?

VALÈRE

Hélas ! me le demandez-vous ?

HARPAGON

Oui vraiment, je te le demande.

VALÈRE

Un dieu qui porte les excuses de tout ce qu'il fait faire, l'Amour.

HARPAGON

L'Amour ?

VALÈRE

Oui.

HARPAGON

Bel amour, bel amour, ma foi ! l'amour de mes louis d'or !

VALÈRE

Non, monsieur, ce ne sont point vos richesses
qui m'ont tenté, ce n'est pas cela qui m'a
ébloui ; et je proteste de ne prétendre rien à
tous vos biens, pourvu que vous me laissiez
celui que j'ai.

HARPAGON

Non ferai, de par tous les diables, je ne te le
laisserai pas. Mais voyez quelle insolence, de
vouloir retenir le vol qu'il m'a fait !

VALÈRE

Appelez-vous cela un vol ?

HARPAGON

Si je l'appelle un vol ? un trésor comme
celui-là !

VALÈRE

C'est un trésor, il est vrai, et le plus précieux
que vous ayez, sans doute ; mais ce ne sera pas
le perdre que de me le laisser. Je vous le
demande à genoux, ce trésor plein de charmes ;
et pour bien faire, il faut que vous me
l'accordiez.

HARPAGON

Je n'en ferai rien. Qu'est-ce à dire cela ?

VALÈRE

Nous nous sommes promis une foi mutuelle, et avons fait serment de ne nous point abandonner.

HARPAGON

Le serment est admirable, et la promesse plaisante.

VALÈRE

Oui, nous nous sommes engagés d'être l'un à l'autre à jamais.

HARPAGON

Je vous en empêcherai bien, je vous assure.

VALÈRE

Rien que la mort ne nous peut séparer.

HARPAGON

C'est être bien endiablé après mon argent !

VALÈRE

Je vous ai déjà dit, monsieur, que ce n'était point l'intérêt qui m'avait poussé à faire ce que j'ai fait. Mon cœur n'a point agi par les ressorts que vous pensez, et un motif plus noble m'a inspiré cette résolution.

HARPAGON

Vous verrez que c'est par charité chrétienne

qu'il veut avoir mon bien ! Mais j'y donnerai bon ordre ; et la justice, pendard effronté, me va faire raison de tout.

VALÈRE

Vous en userez comme vous voudrez, et me voilà prêt à souffrir toutes les violences qu'il vous plaira ; mais je vous prie de croire, au moins, que, s'il y a du mal, ce n'est que moi qu'il en faut accuser, et que votre fille, en tout ceci, n'est aucunement coupable.

HARPAGON

Je le crois bien, vraiment ! il serait fort étrange que ma fille eût trempé dans ce crime. Mais je veux ravoir mon affaire, et que tu me confesses en quel endroit tu me l'as enlevée.

VALÈRE

Moi ? je ne l'ai point enlevée, et elle est encore chez vous.

HARPAGON, à part

O ma chère cassette ! (haut) Elle n'est point sortie de ma maison ?

VALÈRE

Non, monsieur.

HARPAGON

Hé ! dis-moi donc un peu ; tu n'y as point touché ?

VALÈRE

Moi, y toucher ? Ah ! vous lui faites tort, aussi bien qu'à moi ; et c'est d'une ardeur toute pure et respectueuse que j'ai brûlé pour elle.

HARPAGON, *à part*

Brûlé pour ma cassette !

VALÈRE

J'aimerais mieux mourir que de lui avoir fait paraître aucune pensée offensante : elle est trop sage et trop honnête pour cela.

HARPAGON, *à part*

Ma cassette trop honnête !

VALÈRE

Tous mes désirs se sont bornés à jouir de sa vue ; et rien de criminel n'a profané la passion que ses beaux yeux m'ont inspirée.

HARPAGON, *à part*

Les beaux yeux de ma cassette ! Il parle d'elle comme un amant d'une maîtresse.

VALÈRE

Dame Claude, monsieur, sait la vérité de cette aventure ; et elle vous peut rendre témoignage...

HARPAGON

Quoi ! ma servante est complice de l'affaire ?

VALÈRE

Oui, monsieur : elle a été témoin de notre
engagement ; et c'est après avoir connu l'honnêteté de ma flamme qu'elle m'a aidé à
persuader votre fille de me donner sa foi, et
recevoir la mienne.

HARPAGON, *à part*

Hé ! est-ce que la peur de la justice le fait
extravaguer ? *(à Valère)* Que nous brouilles-tu
ici de ma fille ?

VALÈRE

Je dis, monsieur, que j'ai eu toutes les peines
du monde à faire consentir sa pudeur à ce que
voulait mon amour.

HARPAGON

La pudeur de qui ?

VALÈRE

De votre fille ; et c'est seulement depuis hier
qu'elle a pu se résoudre à nous signer mutuelle-
ment une promesse de mariage.

HARPAGON

Ma fille t'a signé une promesse de mariage ?

VALÈRE

Oui, monsieur, comme, de ma part, je lui en
ai signé une.

HARPAGON

O ciel ! autre disgrâce !

MAÎTRE JACQUES, *au commissaire*

Écrivez, monsieur, écrivez.

HARPAGON

Rengrègement de mal ! surcroît de désespoir ! *(au commissaire)* Allons, monsieur, faites le dû de votre charge ; et dressez-lui-moi son procès comme larron et comme suborneur.

MAÎTRE JACQUES

Comme larron et comme suborneur.

VALÈRE

Ce sont des noms qui ne me sont point dus ; et quand on saura qui je suis...

SCÈNE IV

HARPAGON, ÉLISE, MARIANE, VALÈRE,
FROSINE, MAÎTRE JACQUES,
UN COMMISSAIRE

HARPAGON

Ah ! fille scélérate ! fille indigne d'un père

comme moi ! c'est ainsi que tu pratiques les leçons que je t'ai données ! Tu te laisses prendre d'amour pour un voleur infâme, et tu lui engages ta foi sans mon consentement ! Mais vous serez trompés l'un et l'autre. *(à Élise)* Quatre bonnes murailles me répondront de ta conduite ; *(à Valère)* et une bonne potence, pendard effronté, me fera raison de ton audace.

VALÈRE

Ce ne sera point votre passion qui jugera l'affaire, et l'on m'écoutera, au moins, avant que de me condamner.

HARPAGON

Je me suis abusé de dire une potence ; et tu seras roué tout vif.

ÉLISE, *aux genoux d'Harpagon*

Ah ! mon père, prenez des sentiments un peu plus humains, je vous prie, et n'allez point pousser les choses dans les dernières violences du pouvoir paternel. Ne vous laissez point entraîner aux premiers mouvements de votre passion, et donnez-vous le temps de considérer ce que vous voulez faire. Prenez la peine de mieux voir celui dont vous vous offensez. Il est tout autre que vos yeux ne le jugent ; et vous trouverez moins étrange que je me sois donnée

à lui, lors que vous saurez que, sans lui, vous
ne m'auriez plus il y a longtemps. Oui, mon
père, c'est celui qui me sauva de ce grand péril
que vous savez que je courus dans l'eau, et à
qui vous devez la vie de cette même fille dont...

HARPAGON

Tout cela n'est rien ; et il valait bien mieux pour
moi qu'il te laissât noyer que de faire ce qu'il
a fait.

ÉLISE

Mon père, je vous conjure, par l'amour paternel, de me...

HARPAGON

Non, non ; je ne veux rien entendre, et il faut
que la justice fasse son devoir.

MAÎTRE JACQUES, *à part*

Tu me payeras mes coups de bâton !

FROSINE, *à part*

Voici un étrange embarras !

SCÈNE V

ANSELME, HARPAGON, ÉLISE, MARIANE,
FROSINE, VALÈRE, UN COMMISSAIRE,
MAÎTRE JACQUES

ANSELME

Qu'est-ce, seigneur Harpagon ? Je vous vois
tout ému.

HARPAGON

Ah ! seigneur Anselme, vous me voyez le plus
infortuné de tous les hommes et voici bien du
trouble et du désordre au contrat que vous
venez faire ! On m'assassine dans le bien, on
m'assassine dans l'honneur, et voilà un traître,
un scélérat, qui a violé tous les droits les plus
saints, qui s'est coulé chez moi sous le titre de
domestique, pour me dérober mon argent, et
pour me suborner ma fille.

VALÈRE

Qui songe à votre argent, dont vous me faites
un galimatias ?

HARPAGON

Oui, ils se sont donné l'un à l'autre une

promesse de mariage. Cet affront vous regarde,
seigneur Anselme ; et c'est vous qui devez vous
rendre partie contre lui, et faire toutes les
poursuites de la justice, pour vous venger de
son insolence.

ANSELME

Ce n'est pas mon dessein de me faire épouser
par force, et de ne rien prétendre à un cœur
qui se serait donné ; mais, pour vos intérêts,
je suis prêt à les embrasser ainsi que les miens
propres.

HARPAGON

Voilà monsieur qui est un honnête commissaire, qui n'oubliera rien, à ce qu'il m'a dit, de
la fonction de son office. *(au commissaire, montrant
Valère)* Chargez-le comme il faut, monsieur, et
rendez les choses biens criminelles.

VALÈRE

Je ne vois pas quel crime on me peut faire de
la passion que j'ai pour votre fille, et le supplice
où vous croyez que je puisse être condamné
pour notre engagement, lorsqu'on saura ce que
je suis.

HARPAGON

Je me moque de tous ces contes ; et le monde
aujourd'hui n'est plein que de ces larrons de

noblesse, que de ces imposteurs qui tirent
avantage de leur obscurité, et s'habillent insolemment du premier nom illustre qu'ils s'avi-
sent de prendre.

VALÈRE

Sachez que j'ai le cœur trop bon pour me parer
de quelque chose qui ne soit point à moi ; et
que tout Naples peut rendre témoignage de ma
naissance.

ANSELME

Tout beau ! prenez garde à ce que vous allez
dire. Vous risquez ici plus que vous ne pensez ;
et vous parlez devant un homme à qui tout
Naples est connu, et qui peut aisément voir clair
dans l'histoire que vous ferez.

VALÈRE, *en mettant fièrement son chapeau*

Je ne suis point homme à rien craindre ; et si
Naples vous est connu, vous savez qui était don
Thomas d'Alburci.

ANSELME

Sans doute, je le sais ; et peu de gens l'ont
connu mieux que moi.

HARPAGON

Je ne me soucie ni de don Thomas ni de don
Martin.

(Harpagon voyant deux chandelles allumées, en souffle une)

ANSELME

De grâce, laissez-le parler ; nous verrons ce qu'il en veut dire.

VALÈRE

Je veux dire que c'est lui qui m'a donné le jour.

ANSELME

Lui ?

VALÈRE

Oui.

ANSELME

Allez, vous vous moquez. Cherchez quelque autre histoire qui vous puisse mieux réussir, et ne prétendez pas vous sauver sous cette imposture.

VALÈRE

Songez à mieux parler. Ce n'est point une imposture, et je n'avance rien qu'il ne me soit aisé de justifier.

ANSELME

Quoi ! vous osez vous dire fils de don Thomas d'Alburci ?

VALÈRE

Oui, je l'ose ; et je suis prêt à soutenir cette vérité contre qui que ce soit.

ANSELME

L'audace est merveilleuse ! Apprenez, pour vous confondre, qu'il y a seize ans, pour le moins, que l'homme dont vous nous parlez périt sur mer avec ses enfants et sa femme, en voulant dérober leur vie aux cruelles persécutions qui ont accompagné les désordres de Naples, et qui en firent exiler plusieurs nobles familles.

VALÈRE

Oui ; mais apprenez pour vous confondre, vous, que son fils, âgé de sept ans, avec un domestique, fut sauvé de ce naufrage par un vaisseau espagnol ; et que ce fils sauvé est celui qui vous parle. Apprenez que le capitaine de ce vaisseau, touché de ma fortune, prit amitié pour moi ; qu'il me fit élever comme son propre fils, et que les armes furent mon emploi, dès que je m'en trouvai capable ; que j'ai su, depuis peu, que son père n'était point mort, comme je l'avais toujours cru ; que, passant ici pour l'aller chercher, une aventure, par le ciel concertée, me fit voir la charmante Élise ; que cette vue

me rendit esclave de ses beautés, et que la
violence de mon amour et les sévérités de son
père me firent prendre la résolution de m'introduire dans son logis, et d'envoyer un autre à
la quête de mes parents.

ANSELME

Mais quels témoignages encore, autres que vos
paroles, nous peuvent assurer que ce ne soit
point une fable que vous avez bâtie sur une
vérité ?

VALÈRE

Le capitaine espagnol ; un cachet de rubis qui
était à mon père ; un bracelet d'agate que ma
mère m'avait mis au bras ; le vieux Pedro, ce
domestique qui se sauva avec moi du naufrage.

MARIANE

Hélas ! à vos paroles je puis ici répondre, moi,
que vous n'imposez point, et tout ce que vous
dites me fait connaître clairement que vous êtes
mon frère.

VALÈRE

Vous, ma sœur ?

MARIANE

Oui. Mon cœur s'est ému dès le moment que
vous avez ouvert la bouche ; et notre mère, que

vous allez ravir, m'a mille fois entretenue des
disgrâces de notre famille. Le ciel ne nous fit
point aussi périr dans ce triste naufrage ; mais
il ne nous sauva la vie que par la perte de notre
liberté ; et ce furent des corsaires qui nous
recueillirent, ma mère et moi, sur un débris de
notre vaisseau. Après dix ans d'esclavage, une
heureuse fortune nous rendit notre liberté ; et
nous retournâmes dans Naples, où nous trou-
vâmes tout notre bien vendu, sans y pouvoir
trouver des nouvelles de notre père. Nous
passâmes à Gênes, où ma mère alla ramasser
quelques malheureux restes d'une succession
qu'on avait déchirée ; et de là, fuyant la barbare
injustice de ses parents, elle vint en ces lieux,
où elle n'a presque vécu que d'une vie
languissante.

ANSELME

O ciel ! quels sont les traits de ta puissance !
et que tu fais bien voir qu'il n'appartient qu'à
toi de faire des miracles ! Embrassez-moi, mes
enfants, et mêlez tous deux vos transports à
ceux de votre père.

VALÈRE

Vous êtes notre père ?

MARIANE

C'est vous que ma mère a tant pleuré ?

ANSELME

Oui, ma fille ; oui, mon fils ; je suis don Thomas
d'Alburci, que le ciel garantit des ondes avec
tout l'argent qu'il portait, et qui vous ayant tous
crus morts durant seize ans, se préparait, après
de longs voyages, à chercher, dans l'hymen
d'une douce et sage personne, la consolation
de quelque nouvelle famille. Le peu de sûreté
que j'ai vu pour ma vie à retourner à Naples
m'a fait y renoncer pour toujours, et ayant su
trouver moyen d'y faire vendre ce que j'avais,
je me suis habitué ici, où, sous le nom
d'Anselme, j'ai voulu m'éloigner les chagrins
de cet autre nom, qui m'a causé tant de
traverses.

HARPAGON, à *Anselme*

C'est là votre fils ?

ANSELME

Oui.

HARPAGON

Je vous prends à partie pour me payer dix mille
écus qu'il m'a volés.

ANSELME

Lui ! vous avoir volé ?

HARPAGON

Lui-même.

VALÈRE

Qui vous dit cela ?

HARPAGON

Maître Jacques.

VALÈRE, *à maître Jacques*

C'est toi qui le dis ?

MAÎTRE JACQUES

Vous voyez que je ne dis rien.

HARPAGON

Oui. Voilà monsieur le commissaire qui a reçu
sa déposition.

VALÈRE

Pouvez-vous me croire capable d'une action si
lâche ?

HARPAGON

Capable ou non capable, je veux ravoir mon
argent.

SCÈNE VI

HARPAGON, ANSELME, ÉLISE, MARIANE, CLÉANTE,
VALÈRE, FROSINE, UN COMMISSAIRE,
MAÎTRE JACQUES, LA FLÈCHE

CLÉANTE

Ne vous tourmentez point, mon père, et
n'accusez personne. J'ai découvert des nouvelles de votre affaire ; et je viens ici pour vous
dire que, si vous voulez vous résoudre à me
laisser épouser Mariane, votre argent vous sera
rendu.

HARPAGON

Où est-il ?

CLÉANTE

Ne vous en mettez point en peine. Il est en lieu
dont je réponds ; et tout ne dépend que de moi.
C'est à vous de me dire à quoi vous vous
déterminez ; et vous pouvez choisir, ou de me
donner Mariane, ou de perdre votre cassette.

HARPAGON

N'en a-t-on rien ôté ?

CLÉANTE

Rien du tout. Voyez si c'est votre dessein de
souscrire à ce mariage, et de joindre votre
consentement à celui de sa mère, qui lui laisse
la liberté de faire un choix entre nous deux.

MARIANE, *à Cléante*

Mais vous ne savez pas que ce n'est pas assez
que ce consentement et que le ciel, *(montrant
Valère)* avec un frère que vous voyez, vient de
me rendre un père, *(montrant Anselme),* dont
vous avez à m'obtenir.

ANSELME

Le ciel, mes enfants, ne me redonne point à
vous pour être contraire à vos vœux. Seigneur
Harpagon, vous jugez bien que le choix d'une
jeune personne tombera sur le fils plutôt que
le père : allons, ne vous faites point dire ce qu'il
n'est point nécessaire d'entendre ; et consentez,
ainsi que moi, à ce double hyménée.

HARPAGON

Il faut, pour me donner conseil, que je voie ma
cassette.

CLÉANTE

Vous la verrez saine et entière.

HARPAGON

Je n'ai point d'argent à donner en mariage à mes enfants.

ANSELME

Et bien ! j'en ai pour eux ; que cela ne vous inquiète point.

HARPAGON

Vous obligerez-vous à faire tous les frais de ces deux mariages ?

ANSELME

Oui, je m'y oblige. Êtes-vous satisfait ?

HARPAGON

Oui, pourvu que, pour les noces, vous me fassiez faire un habit.

ANSELME

D'accord. Allons jouir de l'allégresse que cet heureux jour nous présente.

LE COMMISSAIRE

Holà ! messieurs, holà ! Tout doucement, s'il vous plaît. Qui me payera mes écritures ?

HARPAGON

Nous n'avons que faire de vos écritures.

LE COMMISSAIRE

Oui ! mais je ne prétends pas, moi, les avoir faites pour rien.

HARPAGON, *montrant maître Jacques*

Pour votre payement, voilà un homme que je vous donne à pendre.

MAÎTRE JACQUES

Hélas ! comment faut-il donc faire ? On me donne des coups de bâton pour dire vrai ; et on me veut pendre pour mentir !

ANSELME

Seigneur Harpagon, il faut lui pardonner cette imposture.

HARPAGON

Vous payerez donc le commissaire ?

ANSELME

Soit. Allons vite faire part de notre joie à votre mère.

HARPAGON

Et moi, voir ma chère cassette.

LE
TARTUFFE

ou

L'IMPOSTEUR

COMÉDIE

PRÉFACE [1]

Voici une comédie dont on a fait beaucoup de bruit, qui a été longtemps persécutée, et les gens qu'elle joue ont bien fait voir qu'ils étaient plus puissants en France que tous ceux que j'ai joués jusqu'ici. Les marquis, les précieuses, les cocus et les médecins, ont souffert doucement qu'on les ait représentés, et ils ont fait semblant de se divertir, avec tout le monde, des peintures que l'on a faites d'eux ; mais les hypocrites n'ont point entendu raillerie ; ils se sont effarouchés d'abord, et ont trouvé étrange que j'eusse la hardiesse de jouer leurs grimaces et de vouloir décrier un métier dont tant d'honnêtes gens se mêlent. C'est un crime qu'ils ne sauraient me pardonner ; et ils se sont tous armés contre ma comédie avec une fureur épouvantable. Ils n'ont eu garde de l'attaquer par le côté qui les a blessés : ils sont trop politiques pour cela, et savent trop bien vivre pour découvrir le fond de leur âme. Suivant leur louable coutume, ils ont couvert leurs intérêts de la cause de Dieu ; et *le Tartuffe,* dans leur bouche, est une pièce qui offense la piété. Elle est, d'un bout à l'autre, pleine d'abominations, et l'on n'y trouve rien qui ne mérite le feu. Toutes les syllabes en sont impies ; les gestes mêmes y sont criminels ; et le moindre coup d'œil, le moindre branlement de tête, le moindre pas à droite ou à gauche, y cachent des

1. De la première édition du Tartuffe publiée cinq ans après la première représentation devant le Prince de Condé le 29 novembre 1664, au château du Rainey.

mystères qu'ils trouvent moyen d'expliquer à mon désavantage.

J'ai eu beau la soumettre aux lumières de mes amis, et à la censure de tout le monde, les corrections que j'y ai pu faire, le jugement du roi et de la reine, qui l'ont vue, l'approbation des grands princes et de messieurs les ministres, qui l'ont honorée publiquement de leur présence, le témoignage des gens de bien, qui l'ont trouvée profitable, tout cela n'a de rien servi. Ils n'en veulent point démordre ; et, tous les jours encore, ils font crier en public des zélés indiscrets, qui me disent des injures pieusement, et me damnent par charité.

Je me soucierais fort peu de tout ce qu'ils peuvent dire, n'était l'artifice qu'ils ont de me faire des ennemis que je respecte, et de jeter dans leur parti de véritables gens de bien, dont ils préviennent la bonne foi, et qui, par la chaleur qu'ils ont pour les intérêts du ciel, sont faciles à recevoir les impressions qu'on veut leur donner. Voilà ce qui m'oblige à me défendre. C'est aux vrais dévots que je veux partout me justifier sur la conduite de ma comédie ; et je les conjure, de tout mon cœur, de ne point condamner les choses avant que de les voir, de se défaire de toute prévention, et de ne point servir la passion de ceux dont les grimaces les déshonorent. Si l'on prend la peine d'examiner de bonne foi ma comédie, on verra sans doute que mes intentions y sont partout innocentes, et qu'elle ne tend nullement à jouer les choses que l'on doit révérer ; que je l'ai traitée avec toutes les précautions que demandait la délicatesse de la matière et que j'ai mis tout l'art et tous les soins qu'il m'a été possible pour bien distinguer le personnage de l'hypocrite d'avec celui du vrai dévot. J'ai employé pour cela deux actes entiers à préparer la venue de mon scélérat. Il ne tient pas un seul moment l'auditeur en balance ; on le connaît d'abord aux marques que je lui donne ; et, d'un bout à l'autre, il ne dit pas un mot, il ne fait pas une action, qui ne peigne aux spectateurs le caractère d'un méchant homme, et ne fasse éclater celui du véritable homme de bien que je lui oppose.

Je sais bien que, pour réponse, ces messieurs tâchent d'insinuer que ce n'est point au théâtre à parler de ces matières ; mais je leur demande, avec leur permission, sur quoi ils fondent cette belle maxime. C'est une proposition qu'ils ne font que supposer, et qu'ils ne prouvent en aucune façon ; et, sans doute, il ne serait pas difficile de leur faire voir que la comédie, chez les anciens, a pris son origine de la religion, et faisait partie de leurs mystères ; que les Espagnols, nos voisins, ne célèbrent guère de fête où la comédie ne soit mêlée, et que même, parmi nous, elle doit sa naissance aux soins d'une confrérie à qui appartient encore aujourd'hui l'hôtel de Bourgogne ; que c'est en lieu qui fut donné pour y représenter les plus importants mystères de notre foi ; qu'on en voit encore des comédies imprimées en lettres gothiques, sous le nom d'un docteur de Sorbonne et, sans aller chercher si loin, que l'on a joué, de notre temps, des pièces saintes de M. de Corneille, qui ont été l'admiration de toute la France.

Si l'emploi de la comédie est de corriger les vices des hommes, je ne vois pas par quelle raison il y en aura de privilégiés. Celui-ci est, dans l'État, d'une conséquence bien plus dangereuse que tous les autres ; et nous avons vu que le théâtre a une grande vertu pour la correction. Les plus beaux traits d'une sérieuse morale sont moins puissants, le plus souvent, que ceux de la satire ; et rien ne reprend mieux la plupart des hommes que la peinture de leurs défauts. C'est une grande atteinte aux vices que de les exposer à la risée de tout le monde. On souffre aisément des répréhensions ; mais on ne souffre point la raillerie. On veut bien être méchant ; mais on ne veut point être ridicule.

On me reproche d'avoir mis des termes de piété dans la bouche de mon imposteur. Eh ! pouvais-je m'en empêcher, pour bien représenter le caractère d'un hypocrite ? Il suffit, ce me semble, que je fasse connaître les motifs criminels qui lui font dire les choses, et que j'en aie retranché les termes consacrés, dont on aurait eu peine à lui entendre faire un mauvais usage. — Mais il débite au quatrième acte une morale pernicieuse. — Mais cette morale est-elle quelque chose dont tout le monde n'eût les oreilles rebattues ? Dit-elle rien de nouveau dans ma comédie ? Et peut-on craindre que des choses si généralement détestées fassent quelque impression dans les esprits ; que je les rende dangereuses en les faisant monter sur le théâtre ; qu'elles reçoivent quelque autorité de la bouche d'un scélérat ? Il n'y a nulle apparence à cela ; et l'on doit approuver la comédie du *Tartuffe*, ou condamner généralement toutes les comédies.

C'est à quoi l'on s'attache furieusement depuis un temps ; et jamais on ne s'était si fort déchaîné contre le théâtre. Je ne puis pas nier qu'il n'y ait eu des Pères de l'Église qui ont condamné la comédie ; mais on ne peut pas me nier aussi qu'il n'y en ait eu quelques-uns qui l'ont traitée un peu plus doucement. Ainsi l'autorité dont on prétend appuyer la censure est détruite par ce partage : et toute la conséquence qu'on peut tirer de cette diversité d'opinions en des esprits éclairés des mêmes lumières, c'est qu'ils ont pris la comédie différemment, et que les uns l'ont considérée dans sa pureté, lorsque les autres l'ont regardée dans sa corruption, et confondue avec tous ces vilains spectacles qu'on a eu raison de nommer des spectacles de turpitude.

Et, en effet, puisqu'on doit discourir des choses et non pas des mots, et que la plupart des contrariétés viennent de ne pas entendre et d'envelopper dans un même mot des choses opposées, il ne faut qu'ôter le voile de l'équivoque, et regarder ce qu'est la comédie en soi, pour voir si elle est condamnable. On connaîtra, sans doute, que, n'étant autre chose qu'un poème ingénieux, qui, par des leçons agréables, reprend les défauts des hommes, on ne saurait la censurer sans injustice ; et, si nous voulons ouïr là-dessus le témoignage de l'antiquité, elle nous dira que ses plus célèbres philosophes ont donné des louanges à la comédie, eux qui faisaient profession d'une sagesse si austère, et qui criaient sans cesse après les vices de leur siècle. Elle nous fera voir qu'Aristote a consacré des veilles au théâtre, et s'est donné le soin de réduire en préceptes l'art de faire des comédies. Elle nous apprendra que ses plus grands hommes, et des premiers en dignité, ont fait gloire d'en composer eux-mêmes, qu'il y en a eu d'autres qui n'ont pas dédaigné de réciter en public celles qu'ils avaient composées ; que la Grèce a fait pour cet art éclater son estime par le prix glorieux et par les superbes théâtres dont elle a voulu l'honorer ; et que, dans Rome enfin, ce même art a reçu aussi des honneurs extraordinaires : je ne dis pas dans Rome débauchée, et sous la licence des empereurs, mais dans Rome disciplinée, sous la sagesse des consuls, et dans le temps de la vigueur de la vertu romaine. J'avoue qu'il y a eu des temps où la comédie s'est corrompue. Et qu'est-ce que dans le monde on ne corrompt point tous les jours ? Il n'y a chose si innocente où les hommes ne puissent porter du crime ; point d'art si salutaire dont ils ne soient capables de renverser les intentions ; rien de si bon en soi qu'ils ne puissent tourner à de mauvais usages. La médecine est un art profitable, et chacun la révère comme une des plus excellentes choses que nous ayons ; et cependant il y a eu des temps où elle s'est rendue odieuse, et souvent on en a fait un art d'empoisonner les hommes. La philosophie est un présent du ciel ; elle nous a été donnée pour porter nos esprits à la connaissance d'un Dieu par la contemplation des merveilles de la nature ; et pourtant on n'ignore pas que souvent on l'a détournée de son emploi, et qu'on l'a occupée publiquement à soutenir l'impiété. Les choses même les plus saintes ne sont point à couvert de la corruption des hommes ; et nous voyons des scélérats qui, tous les jours, abusent de la piété et la font servir méchamment aux crimes les plus grands. Mais on ne laisse pas pour cela de faire les distinctions qu'il est besoin de faire. On n'enveloppe point dans une fausse conséquence la bonté des choses que l'on corrompt, avec la malice des corrupteurs. On sépare toujours le mauvais usage d'avec l'intention de l'art ; et, comme on ne s'avise point de défendre la médecine, pour avoir été bannie de Rome, ni la philosophie pour avoir été condamnée publiquement dans Athènes, on ne doit point aussi vouloir interdire la comédie pour avoir été censurée en de certains temps. Cette censure a eu ses raisons, qui ne subsistent point ici. Elle s'est renfermée dans ce qu'elle a pu voir ; et nous ne devons point la tirer des bornes qu'elle s'est données, l'étendre plus loin qu'il ne faut, et lui faire embrasser l'innocent avec le coupable. La comédie qu'elle a eu dessein d'attaquer n'est point du tout la comédie que nous voulons défendre. Il se faut bien garder de confondre celle-là avec celle-ci. Ce sont deux personnes de qui les mœurs sont tout à fait opposées. Elles n'ont aucun rapport l'une avec l'autre que la ressemblance du nom ; et ce serait une injustice épouvantable que de vouloir condamner Olympe, qui est femme de bien, parce qu'il y a une Olympe qui a été débauchée. De semblables arrêts, sans doute, feraient un grand désordre dans le monde. Il n'y aurait rien par là qui ne fût condamné ; et, puisque l'on ne garde point cette rigueur à tant de choses dont on abuse tous les jours, on doit bien faire la même grâce à la comédie, et approuver les pièces de théâtre où l'on verra régner l'instruction et l'honnêteté.

Je sais qu'il y a des esprits dont la délicatesse ne peut souffrir aucune comédie ; qui disent que les plus honnêtes sont les plus dangereuses ; que les passions que l'on y dépeint sont d'autant plus touchantes qu'elles sont pleines de vertu, et que les âmes sont attendries par ces sortes de représentations. Je ne vois pas quel grand crime c'est que de s'attendrir à la vue d'une passion honnête ; et c'est un haut étage de vertu que cette pleine insensibilité où ils veulent faire monter notre âme. Je doute qu'une si grande perfection soit dans les forces de la nature humaine ; et je ne sais s'il n'est pas mieux de travailler à rectifier et adoucir les passions des hommes que de vouloir les retrancher entièrement. J'avoue qu'il y a des lieux qu'il vaut mieux fréquenter que le théâtre ; et, si l'on veut blâmer toutes les choses qui ne regardent pas directement Dieu et notre salut, il est certain que la comédie en doit être, et je ne trouve point mauvais qu'elle soit condamnée avec le reste ; mais supposé, comme il est vrai, que les exercices de la piété souffrent des intervalles et que les hommes aient besoin de divertissement, je soutiens qu'on ne leur en peut trouver un qui soit plus innocent que la comédie. Je me suis étendu trop loin. Finissons par un mot d'un grand prince [1] sur la comédie du *Tartuffe.*

Huit jours après qu'elle eut été défendue, on représenta devant la cour une pièce intitulée *Scaramouche ermite ;* et le roi, en sortant, dit au grand prince que je veux dire : « Je voudrais bien savoir pourquoi les gens qui se scandalisent si fort de la comédie de Molière ne disent mot de celle de *Scaramouche ?* » ; à quoi le prince répondit : « La raison de cela, c'est que la comédie de *Scaramouche* joue le ciel et la religion, dont ces messieurs-là ne se soucient point ; mais celle de Molière les joue eux-mêmes ; c'est ce qu'ils ne peuvent souffrir. »

1. *Le grand Condé.*

PREMIER PLACET

PRÉSENTÉ AU ROI

(La comédie n'a pas encore été représentée en public)

Sire,

Le devoir de la comédie étant de corriger les hommes en les divertissant, j'ai cru que, dans l'emploi où je me trouve, je n'avais rien de mieux à faire que d'attaquer par des peintures ridicules les vices de mon siècle ; et, comme l'hypocrisie, sans doute, en est un des plus en usage, des plus incommodes et des plus dangereux, j'avais eu, Sire, la pensée que je ne rendrais pas un petit service à tous les honnêtes gens de votre royaume, si je faisais une comédie qui décriât les hypocrites, et mît en vue, comme il faut, toutes les grimaces étudiées de ces gens de bien à outrance, toutes les friponneries couvertes de ces faux monnayeurs en dévotion, qui veulent attraper les hommes avec un zèle contrefait et une charité sophistique.

Je l'ai faite, Sire, cette comédie, avec tout le soin, comme je crois, et toutes les circonspections que pouvait demander la délicatesse de la matière ; et, pour mieux conserver l'estime et le respect qu'on doit aux vrais dévots, j'en ai distingué le plus que j'ai pu le caractère que j'avais à toucher. Je n'ai point laissé d'équivoque, j'ai ôté ce qui pouvait confondre le bien avec le mal, et ne me suis servi dans cette peinture que des couleurs expresses et des traits essentiels qui font reconnaître d'abord un véritable et franc hypocrite.

Cependant toutes mes précautions ont été inutiles. On a profité, Sire, de la délicatesse de votre âme sur les matières de religion, et l'on a su vous prendre par l'endroit seul que vous êtes prenable, je veux dire par le respect des choses saintes. Les tartuffes, sous main, ont eu l'adresse de trouver grâce auprès de Votre Majesté ; et les originaux enfin ont fait supprimer la copie, quelque innocente qu'elle fût, et quelque ressemblante qu'on la trouvât.

Bien que ce m'eût été un coup sensible que la suppression de cet ouvrage, mon malheur, pourtant, était adouci par la manière dont Votre Majesté s'était expliquée sur ce sujet ; et j'ai cru, Sire, qu'elle m'ôtait tout lieu de me plaindre, ayant eu la bonté de déclarer qu'elle ne trouvait rien à dire dans cette comédie qu'elle me défendait de produire en public. Mais, malgré cette glorieuse déclaration du plus grand roi du monde et du plus éclairé, malgré l'approbation encore de M. le légat, et de la plus grande partie de nos prélats, qui tous, dans les lectures particulières que je leur ai faites de mon ouvrage, se sont trouvés d'accord avec les sentiments de Votre Majesté ; malgré tout cela, dis-je, on voit un livre composé par le curé de..., qui donne hautement un démenti à tous ces augustes témoignages. Votre Majesté a beau dire, et M. le légat et

MM. les prélats ont beau donner leur jugement, ma comédie, sans l'avoir vue, est diabolique, et diabolique mon cerveau ; je suis un démon vêtu de chair et habillé en homme, un libertin, un impie digne d'un supplice exemplaire. Ce n'est pas assez que le feu expie en public mon offense, j'en serais quitte à trop bon marché ; le zèle charitable de ce galant homme de bien n'a garde de demeurer là ; il ne veut point que j'aie de miséricorde auprès de Dieu ; il veut absolument que je sois damné, c'est une affaire résolue.

Ce livre, Sire, a été présenté à Votre Majesté ; et, sans doute, elle juge bien elle-même combien il m'est fâcheux de me voir exposé tous les jours aux insultes de ces messieurs ; quel tort me feront dans le monde de telles calomnies, s'il faut qu'elles soient tolérées ; et quel intérêt j'ai enfin à me purger de mon imposture, et à faire voir au grand public que ma comédie n'est rien moins que ce qu'on veut qu'elle soit. Je ne dirai point, Sire, ce que j'aurais à demander pour ma réputation et pour justifier à tout le monde l'innocence de mon ouvrage : les rois éclairés comme vous n'ont pas besoin qu'on leur marque ce qu'on souhaite ; ils voient, comme Dieu, ce qu'il nous faut, et savent mieux que nous ce qu'ils nous doivent accorder. Il me suffit de mettre mes intérêts entre les mains de Votre Majesté ; et j'attends d'elle, avec respect, tout ce qu'il lui plaira d'ordonner là-dessus.

SECOND PLACET

PRÉSENTÉ AU ROI

Dans son camp devant la ville de Lille en Flandre, par les sieurs La Thorillière et La Grange, comédiens de Sa Majesté, et compagnons du sieur Molière, sur la défense qui fut faite, le 6 août 1667, de représenter le Tartuffe *jusques à nouvel ordre de Sa Majesté.*

Sire,

C'est une chose bien téméraire à moi que de venir importuner un grand monarque au milieu de ses glorieuses conquêtes ; mais, dans l'état où je me vois, où trouver, Sire, une protection qu'au lieu où je viens la chercher ? Et qui puis-je solliciter contre l'autorité de la puissance qui m'accable, que la source de la puissance et de l'autorité, que le juste dispensateur des ordres absolus, que le souverain juge et le maître de toutes choses ?

Ma comédie, Sire, n'a pu jouir ici des bontés de Votre Majesté. En vain je l'ai produite sous le titre de *l'Imposteur,* et déguisé le personnage sous l'ajustement d'un homme du monde ; j'ai eu beau lui donner un petit chapeau, de grands cheveux, un grand collet, une épée, et des dentelles sur tout l'habit, mettre en plusieurs endroits des adoucissements, et retrancher avec soin tout ce que j'ai jugé capable de fournir l'ombre d'un prétexte aux célèbres originaux du portrait que je voulais faire : tout cela n'a de rien servi. La cabale s'est réveillée aux simples conjectures qu'ils ont pu avoir de la chose. Ils ont trouvé moyen de surprendre des esprits qui, dans tout autre matière, font une haute profession de ne se point laisser surprendre. Ma comédie n'a pas plutôt paru qu'elle s'est vue foudroyée par le coup d'un pouvoir qui doit imposer du respect ; et tout ce que j'ai pu faire en cette rencontre pour me sauver moi-même de l'éclat de cette tempête, c'est de dire que Votre Majesté avait eu la bonté de m'en permettre la représentation, et que je n'avais pas cru qu'il fût besoin de demander cette permission à d'autres, puisqu'il n'y avait qu'elle seule qui me l'eût défendue.

Je ne doute point, Sire, que les gens que je peins dans ma comédie ne remuent bien des ressorts auprès de Votre Majesté, et ne jettent dans leur parti, comme ils l'ont déjà fait, de véritables gens de bien, qui sont d'autant plus prompts à se laisser tromper qu'ils jugent d'autrui par eux-mêmes. Ils ont l'art de donner de belles couleurs à toutes leurs intentions. Quelque mine qu'ils fassent, ce n'est point du tout l'intérêt de Dieu qui les peut émouvoir : ils l'ont assez montré dans les comédies qu'ils ont souffert qu'on ait jouées tant de fois en public, sans en dire le moindre mot. Celles-là n'attaquaient que la piété et la religion, dont ils se soucient fort peu : mais celle-ci les attaque et les joue eux-mêmes ; et c'est ce qu'ils ne peuvent souffrir. Ils ne sauraient me pardonner de dévoiler leurs impostures aux yeux de tout le monde ; et, sans doute, on ne manquera pas de dire à Votre Majesté que chacun s'est scandalisé de ma comédie. Mais la vérité pure, Sire, c'est que tout Paris ne s'est scandalisé que de la défense qu'on a faite, que les plus scrupuleux en ont trouvé la représentation profitable et qu'on s'est étonné que des personnes d'une probité si connue aient eu une si grande déférence pour des gens qui devraient être l'horreur de tout le monde et sont si opposés à la véritable piété, dont elles font profession.

J'attends avec respect l'arrêt que Votre Majesté daignera prononcer sur cette matière ; mais il est très assuré, Sire, qu'il ne faut plus que je songe à faire des comédies, si les tartuffes ont l'avantage ; qu'ils prendront droit par là de me persécuter plus que jamais, et voudront trouver à redire aux choses les plus innocentes qui pourront sortir de ma plume. Daignent vos bontés, Sire, me donner une protection contre leur rage envenimée ; et puissé-je, au retour d'une campagne si glorieuse, délasser Votre Majesté des fatigues de ses conquêtes, lui donner d'innocents plaisirs après de si nobles travaux, et faire rire le monarque qui fait trembler toute l'Europe !

TROISIÈME PLACET

PRÉSENTÉ AU ROI

Le 5 février 1669

Sire,

Un fort honnête médecin, dont j'ai l'honneur d'être le malade, me promet et veut s'obliger par-devant notaire de me faire vivre encore trente années, si je puis lui obtenir une grâce de Votre Majesté. Je lui ai dit, sur sa promesse, que je ne lui demandais pas tant, et que je serais satisfait de lui pourvu qu'il s'obligeât de ne me point tuer. Cette grâce, Sire, est un canonicat de votre chapelle royale de Vincennes, vacant par la mort de...

Oserais-je demander encore cette grâce à Votre Majesté le propre jour de la grande résurrection de *Tartuffe,* ressuscité par vos bontés ? Je suis, par cette première faveur, réconcilié avec les dévots ; et je le serais, par cette seconde, avec les médecins. C'est pour moi, sans doute, trop de grâces à la fois ; mais peut-être n'en est-ce pas trop pour Votre Majesté ; et j'attends, avec un peu d'espérance respectueuse, la réponse de mon placet.

PERSONNAGES

MADAME PERNELLE, mère d'Orgon
ORGON, mari d'Elmire
ELMIRE, femme d'Orgon
DAMIS, fils d'Orgon
MARIANE, fille d'Orgon et amante de Valère
VALÈRE, amant de Mariane
CLÉANTE, beau-frère d'Orgon
TARTUFFE, faux dévot
DORINE, suivante de Mariane
MONSIEUR LOYAL, sergent
UN EXEMPT
FLIPOTE, servante de Mme Pernelle

La scène est à Paris, dans la maison d'Orgon

Acte premier

SCÈNE I

MADAME PERNELLE, ELMIRE, MARIANE,
CLÉANTE, DAMIS, DORINE, FLIPOTE

MADAME PERNELLE

Allons, Flipote, allons ; que d'eux je me délivre.

ELMIRE

Vous marchez d'un tel pas, qu'on a peine à vous suivre.

MADAME PERNELLE

Laissez, ma bru, laissez ; ne venez pas plus loin :
Ce sont toutes façons dont je n'ai pas besoin.

ELMIRE

De ce que l'on vous doit envers vous on s'acquitte.
Mais, ma mère, d'où vient que vous sortez si vite ?

MADAME PERNELLE

C'est que je ne puis voir tout ce ménage-ci,
Et que de me complaire on ne prend nul souci.
Oui, je sors de chez vous fort mal édifiée :
Dans toutes mes leçons j'y suis contrariée ;
On n'y respecte rien, chacun y parle haut,
Et c'est tout justement la cour du roi Pétaud.

DORINE

Si...

MADAME PERNELLE

Vous êtes, ma mie, une fille suivante
Un peu trop forte en gueule, et fort imperti-
nente ;
Vous vous mêlez sur tout de dire votre avis.

DAMIS

Mais...

MADAME PERNELLE

Vous êtes un sot, en trois lettres, mon fils ;
C'est moi qui vous le dis, qui suis votre
grand-mère ;
Et j'ai prédit cent fois à mon fils, votre père,
Que vous preniez tout l'air d'un méchant
garnement,
Et ne lui donneriez jamais que du tourment.

MARIANE

Je crois...

MADAME PERNELLE

Mon Dieu ! sa sœur, vous faites la discrète,
Et vous n'y touchez pas, tant vous semblez
doucette !
Mais il n'est, comme on dit, pire eau que l'eau
qui dort,
Et vous menez, sous chape [1], un train que je
hais fort.

ELMIRE

Mais, ma mère...

MADAME PERNELLE

Ma bru, qu'il ne vous en déplaise,
Votre conduite en tout est tout à fait mauvaise ;
Vous devriez leur mettre un bon exemple aux
yeux,
Et leur défunte mère en usait beaucoup mieux.
Vous êtes dépensière ; et cet état me blesse,
Que vous alliez vêtue ainsi qu'une princesse.
Quiconque à son mari veut plaire seulement,
Ma bru, n'a pas besoin de tant d'ajustement.

CLÉANTE

Mais, madame, après tout...

MADAME PERNELLE

Pour vous, monsieur son frère,

1. *Sous cape.*

Je vous estime fort, vous aime et vous révère :
Mais enfin, si j'étais de mon fils, son époux,
Je vous prîrais bien fort de n'entrer point chez
nous.
Sans cesse vous prêchez ces maximes de vivre
Qui par d'honnêtes gens ne se doivent point
suivre.
Je vous parle un peu franc ; mais c'est là mon
humeur,
Et je ne mâche point ce que j'ai sur le cœur.

DAMIS

Votre monsieur Tartuffe est bien heureux sans
doute...

MADAME PERNELLE

C'est un homme de bien, qu'il faut que l'on
écoute ;
Et je ne puis souffrir, sans me mettre en
courroux,
De le voir quereller par un fou comme vous.

DAMIS

Quoi ! je souffrirai, moi, qu'un cagot de critique
Vienne usurper céans un pouvoir tyrannique !
Et que nous ne puissions à rien nous divertir,
Si ce beau monsieur-là n'y daigne consentir !

DORINE

S'il le faut écouter et croire à ses maximes,

On ne peut faire rien qu'on ne fasse des crimes ;
Car il contrôle tout, ce critique zélé.

MADAME PERNELLE

Et tout ce qu'il contrôle est fort bien contrôlé.
C'est au chemin du ciel qu'il prétend vous conduire :
Et mon fils à l'aimer vous devrait tous induire.

DAMIS

Non, voyez-vous, ma mère, il n'est père, ni rien,
Qui me puisse obliger à lui vouloir du bien ;
Je trahirais mon cœur de parler d'autre sorte.
Sur ses façons de faire à tous coups je m'emporte ;
J'en prévois une suite, et qu'avec ce pied plat
Il faudra que j'en vienne à quelque grand éclat.

DORINE

Certes, c'est une chose aussi qui scandalise,
De voir qu'un inconnu céans s'impatronise ;
Qu'un gueux, qui, quand il vint, n'avait pas de souliers,
Et dont l'habit entier valait bien six deniers,
En vienne jusque-là que de se méconnaître,
De contrarier tout, et de faire le maître.

MADAME PERNELLE

Hé ! merci de ma vie ! il en irait bien mieux
Si tout se gouvernait par ses ordres pieux.

DORINE

Il passe pour un saint dans votre fantaisie :
Tout son fait, croyez-moi, n'est rien
qu'hypocrisie.

MADAME PERNELLE

Voyez la langue !

DORINE

A lui, non plus qu'à son Laurent,
Je ne me fîrais, moi, que sur un bon garant.

MADAME PERNELLE

J'ignore ce qu'au fond le serviteur peut être ;
Mais pour homme de bien je garantis le maître.
Vous ne lui voulez mal et ne le rebutez
Qu'à cause qu'il vous dit à tous vos vérités.
C'est contre le péché que son cœur se
courrouce,
Et l'intérêt du ciel est tout ce qui le pousse.

DORINE

Oui ; mais pourquoi, surtout depuis un certain
temps,
Ne saurait-il souffrir qu'aucun hante céans ?
En quoi blesse le ciel une visite honnête,
Pour en faire un vacarme à nous rompre la
tête ?
Veut-on que là-dessus je m'explique entre
nous ?...

(montrant Elmire)

Je crois que de madame il est, ma foi, jaloux.

MADAME PERNELLE

Taisez-vous, et songez aux choses que vous
dites.
Ce n'est pas lui tout seul qui blâme ces visites ;
Tout ce tracas qui suit les gens que vous hantez,
Ces carrosses sans cesse à la porte plantés,
Et de tant de laquais le bruyant assemblage,
Font un éclat fâcheux dans tout le voisinage.
Je veux croire qu'au fond il ne se passe rien :
Mais enfin on en parle, et cela n'est pas bien.

CLÉANTE

Hé ! voulez-vous, madame, empêcher qu'on ne
cause ?
Ce serait dans la vie une fâcheuse chose,
Si, pour les sots discours où l'on peut être mis,
Il fallait renoncer à ses meilleurs amis.
Et quand même on pourrait se résoudre à le
faire,
Croiriez-vous obliger tout le monde à se taire ?
Contre la médisance il n'est point de rempart.
A tous les sots caquets n'ayons donc nul égard ;
Efforçons-nous de vivre avec toue innocence,
Et laissons aux causeurs une pleine licence.

DORINE

Daphné, notre voisine, et son petit époux,

Ne seraient-ils point ceux qui parlent mal de
nous ?
Ceux de qui la conduite offre le plus à rire
Sont toujours sur autrui les premiers à médire ;
Ils ne manquent jamais de saisir promptement
L'apparente lueur du moindre attachement,
D'en semer la nouvelle avec beaucoup de joie,
Et d'y donner le tour qu'ils veulent qu'on y
croie :
Des actions d'autrui, teintes de leurs couleurs,
Ils pensent dans le monde autoriser les leurs,
Et, sous le faux espoir de quelque
ressemblance,
Aux intrigues qu'ils ont donner de l'innocence,
Ou faire ailleurs tomber quelques traits
partagés
De ce blâme public dont ils sont trop chargés.

MADAME PERNELLE

Tous ces raisonnements ne font rien à l'affaire.
On sait qu'Oronte mène une vie exemplaire ;
Tous ses soins vont au ciel ; et j'ai su par des
gens
Qu'elle condamne fort le train qui vient céans.

DORINE

L'exemple est admirable, et cette dame est
bonne !
Il est vrai qu'elle vit en austère personne ;

Mais l'âge dans son âme a mis ce zèlé ardent,
Et l'on sait qu'elle est prude à son corps
défendant.
Tant qu'elle a pu des cœurs attirer les
hommages,
Elle a fort bien joui de tous ses avantages :
Mais, voyant de ses yeux tous les brillants
baisser,
Au monde qui la quitte elle veut renoncer,
Et du voile pompeux d'une haute sagesse
De ses attraits usés déguiser la faiblesse.
Ce sont là les retours des coquettes du temps :
Il leur est dur de voir déserter les galants.
Dans un tel abandon, leur sombre inquiétude
Ne voit d'autre recours que le métier de prude ;
Et la sévérité de ces femmes de bien
Censure toute chose et ne pardonne à rien ;
Hautement d'un chacun elles blâment la vie,
Non point par charité, mais par un trait d'envie
Qui ne saurait souffrir qu'une autre ait les
plaisirs
Dont le penchant de l'âge a sevré leurs désirs.

MADAME PERNELLE, *à Elmire*

Voilà les contes bleus qu'il vous faut pour vous
plaire,
Ma bru. L'on est chez vous contrainte de se
taire :

Car madame, à jaser, tient le dé tout le jour.
Mais enfin je prétends discourir à mon tour :
Je vous dis que mon fils n'a rien fait de plus sage
Qu'en recueillant chez soi ce dévot personnage ;
Que le ciel au besoin l'a céans envoyé
Pour redresser à tous votre esprit fourvoyé ;
Que, pour votre salut, vous le devez entendre ;
Et qu'il ne reprend rien qui ne soit à reprendre.
Ces visites, ces bals, ces conversations,
Sont du malin esprit toutes inventions.
Là jamais on n'entend de pieuses paroles ;
Ce sont propos oisifs, chansons et fariboles :
Bien souvent le prochain en a sa bonne part,
Et l'on y sait médire et du tiers et du quart.
Enfin les gens sensés ont leurs têtes troublées
De la confusion de telles assemblées :
Mille caquets divers s'y font en moins de rien ;
Et, comme l'autre jour un docteur dit fort bien,
C'est véritablement la tour de Babylone,
Car chacun y babille, et tout du long de l'aune :
Et pour conter l'histoire où ce point l'engagea...
          (montrant Cléante)
Voilà-t-il pas monsieur qui ricane déjà !
Allez chercher vos fous qui vous donnent à rire,
          (à Elmire)

Et sans... Adieu, ma bru, je ne veux plus rien
dire.
Sachez que pour céans j'en rabats de moitié,
Et qu'il fera beau temps quand j'y mettrai le
pied.
   (donnant un soufflet à Flipote)
Allons, vous, vous rêvez et bayez aux corneilles.
Jour de Dieu ! je saurai vous frotter les oreilles.
Marchons, gaupe, marchons.

SCÈNE II

CLÉANTE, DORINE

CLÉANTE

Je n'y veux point aller,
De peur qu'elle ne vînt encor me quereller ;
Que cette bonne femme...

DORINE

Ah ! certes, c'est dommage
Qu'elle ne vous ouït tenir un tel langage :
Elle vous dirait bien qu'elle vous trouve bon,
Et qu'elle n'est point d'âge à lui donner ce nom.

CLÉANTE

Comme elle s'est pour rien contre nous
échauffée !

Et que de son Tartuffe elle paraît coiffée !

DORINE

Ah ! vraiment, tout cela n'est rien au prix du
fils !
Et, si vous l'aviez vu, vous diriez : C'est bien
pis !
Nos troubles l'avaient mis sur le pied d'homme
sage,
Et, pour servir son prince, il montra du
courage ;
Mais il est devenu comme un homme hébété,
Depuis que de Tartuffe on le voit entêté :
Il l'appelle son frère, et l'aime dans son âme
Cent fois plus qu'il ne fait mère, fils, fille et
femme.
C'est de tous ses secrets l'unique confident ;
Et de ses actions le directeur prudent ;
Il le choie, il l'embrasse ; et pour une maîtresse
On ne saurait, je pense, avoir plus de tendresse :
A table, au plus haut bout il veut qu'il soit assis ;
Avec joie il l'y voit manger autant que six ;
Les bons morceaux de tout il faut qu'on les lui
cède ;
Et, s'il vient à roter, il lui dit : Dieu vous aide !
Enfin il en est fou ; c'est son tout, son héros.
Il l'admire à tous coups, le cite à tout propos.
Ses moindres actions lui semblent des miracles,

Et tous les mots qu'il dit sont pour lui des
oracles.
Lui, qui connaît sa dupe et qui veut en jouir,
Par cent dehors fardés à l'art de l'éblouir ;
Son cagotisme en tire à toute heure des
sommes,
Et prend droit de gloser sur tous tant que nous
sommes.
Il n'est pas jusqu'au fat qui lui sert de garçon
Qui ne se mêle aussi de nous faire leçon ;
Il vient nous sermonner avec des yeux
farouches,
Et jeter nos rubans, notre rouge, et nos
mouches.
Le traître, l'autre jour, nous rompit de ses mains
Un mouchoir qu'il trouva dans une Fleur des
Saints,
Disant que nous mêlions, par un crime effroya-
ble ,
Avec la sainteté les parures du diable.

SCÈNE III

ELMIRE, MARIANE, DAMIS, CLÉANTE, DORINE

ELMIRE, *à Cléante*

Vous êtes bien heureux de n'être point venu

Au discours qu'à la porte elle nous a tenu.
Mais j'ai vu mon mari ; comme il ne m'a point vue,
Je veux aller là-haut attendre sa venue.

CLÉANTE

Moi, je l'attends ici pour moins d'amusement ;
Et je vais lui donner le bonjour seulement.

SCÈNE IV

CLÉANTE, DAMIS, DORINE

DAMIS

De l'hymen de ma sœur touchez-lui quelque chose.
J'ai soupçon que Tartuffe à son effet s'oppose,
Qu'il oblige mon père à des détours si grands ;
Et vous n'ignorez pas quel intérêt j'y prends...
Si même ardeur enflamme et ma sœur et Valère,
La sœur de cet ami, vous le savez, m'est chère ;
Et s'il fallait...

DORINE

Il entre.

SCÈNE V

ORGON, CLÉANTE, DORINE

ORGON

Ah ! mon frère, bonjour.

CLÉANTE

Je sortais, et j'ai joie à vous voir de retour.
La campagne à présent n'est pas beaucoup
fleurie.

ORGON

(à Cléante)

Dorine... Mon beau-frère, attendez, je vous
prie.
Vous voulez bien souffrir, pour m'ôter de souci,
Que je m'informe un peu des nouvelles d'ici.
(à Dorine)
Tout s'est-il, ces deux jours, passé de bonne
sorte ?
Qu'est-ce qu'on fait céans ? comme est-ce qu'on
s'y porte ?

DORINE

Madame eut avant-hier la fièvre jusqu'au soir,
Avec un mal de tête étrange à concevoir.

ORGON

Et Tartuffe ?

DORINE

Tartuffe ! il se porte à merveille,
Gros et gras, le teint frais, et la bouche
vermeille.

ORGON

Le pauvre homme !

DORINE

Le soir elle eut un grand dégoût,
Et ne put, au souper, toucher à rien du tout,
Tant sa douleur de tête était encor cruelle !

ORGON

Et Tartuffe ?

DORINE

Il soupa, lui tout seul, devant elle ;
Et fort dévotement il mangea deux perdrix,
Avec une moitié de gigot en hachis.

ORGON

Le pauvre homme !

DORINE

La nuit se passa tout entière
Sans qu'elle pût fermer un moment la
paupière ;

Des chaleurs l'empêchaient de pouvoir
sommeiller,
Et jusqu'au jour, près d'elle, il nous fallut
veiller.

ORGON

Et Tartuffe ?

DORINE

Pressé d'un sommeil agréable,
Il passa dans sa chambre au sortir de la table ;
Et dans son lit bien chaud il se mit tout soudain,
Où, sans trouble, il dormit jusques au
lendemain.

ORGON

Le pauvre homme !

DORINE

À la fin, par nos raisons gagnée,
Elle se résolut à souffrir la saignée ;
Et le soulagement suivit tout aussitôt.

ORGON

Et Tartuffe ?

DORINE

Il reprit courage comme il faut ;
Et, contre tous les maux fortifiant son âme,
Pour réparer le sang qu'avait perdu madame,
But, à son déjeuner, quatre grands coups de
vin.

ORGON

Le pauvre homme !

DORINE

Tous deux se portent bien enfin ;
Et je vais à madame annoncer par avance
La part que vous prenez à sa convalescence.

SCÈNE VI

ORGON, CLÉANTE

CLÉANTE

À votre nez, mon frère, elle se rit de vous :
Et, sans avoir dessein de vous mettre en
courroux,
Je vous dirai tout franc que c'est avec justice.
A-t-on jamais parlé d'un semblable caprice ?
Et se peut-il qu'un homme ait un charme
aujourd'hui
À vous faire oublier toutes choses pour lui ?
Qu'après avoir chez vous réparé sa misère,
Vous en veniez au point...

ORGON

Halte-là, mon beau-frère :
Vous ne connaissez pas celui dont vous parlez.

CLÉANTE

Je ne le connais pas, puisque vous le voulez ;
Mais enfin, pour savoir quel homme ce peut
être...

ORGON

Mon frère, vous seriez charmé de le connaître ;
Et vos ravissements ne prendraient point de fin.
C'est un homme... qui... ah ! un homme... un
homme enfin,
Qui suit bien ses leçons, goûte une paix
profonde,
Et comme du fumier regarde tout le monde.
Oui, je deviens tout autre avec son entretien ;
Il m'enseigne à n'avoir affection pour rien,
De toutes amitiés il détache mon âme ;
Et je verrais mourir frère, enfants, mère et
femme,
Que je m'en soucierais autant que de cela.

CLÉANTE

Les sentiments humains, mon frère, que voilà !

ORGON

Ah ! si vous aviez vu comme j'en fis rencontre,
Vous auriez pris pour lui l'amitié que je montre.
Chaque jour à l'église, il venait, d'un air doux,
Tout vis-à-vis de moi se mettre à deux genoux.
Il attirait les yeux de l'assemblée entière

Par l'ardeur dont au ciel il poussait sa prière ;
Il faisait des soupirs, de grands élancements,
Et baisait humblement la terre à tous moments :
Et lorsque je sortais, il me devançait vite
Pour m'aller, à la porte, offrir de l'eau bénite.
Instruit par son garçon qui dans tout l'imitait,
Et de son indigence, et de ce qu'il était,
Je lui faisais des dons : mais, avec modestie,
Il me voulait toujours en rendre une partie.
C'est trop, me disait-il, *c'est trop de la moitié ;*
Je ne mérite pas de vous faire pitié.
Et quand je refusais de le vouloir reprendre,
Aux pauvres, à mes yeux, il allait le répandre.
Enfin le ciel chez moi me le fit retirer,
Et depuis ce temps-là tout semble y prospérer.
Je vois qu'il reprend tout, et qu'à ma femme même
Il prend, pour mon honneur, un intérêt extrême ;
Il m'avertit des gens qui lui font les yeux doux,
Et plus que moi six fois il s'en montre jaloux.
Mais vous ne croiriez point jusqu'où monte son zèle :
Il s'impute à péché la moindre bagatelle ;
Un rien presque suffit pour le scandaliser,
Jusque-là qu'il se vint l'autre jour accuser
D'avoir pris une puce en faisant sa prière,
Et de l'avoir tuée avec trop de colère.

CLÉANTE

Parbleu, vous êtes fou, mon frère, que je crois.
Avec de tels discours vous moquez-vous de
moi ?
Et que prétendez-vous ? Que tout ce badinage...

ORGON

Mon frère, ce discours sent le libertinage :
Vous en êtes un peu dans votre âme entiché ;
Et, comme je vous l'ai plus de dix fois prêché,
Vous vous attirerez quelque méchante affaire.

CLÉANTE

Voilà de vos pareils le discours ordinaire :
Ils veulent que chacun soit aveugle comme eux.
C'est être libertin que d'avoir de bons yeux ;
Et qui n'adore pas de vaines simagrées
N'a ni respect ni foi pour les choses sacrées.
Allez, tous vos discours ne me font point de
peur ;
Je sais comme je parle, et le ciel voit mon cœur.
De tous vos façonniers on n'est point les
esclaves.
Il est de faux dévots ainsi que de faux braves :
Et comme on ne voit pas qu'où l'honneur les
conduit,
Les vrais braves soient ceux qui font beaucoup
de bruit,

Les bons et vrais dévots qu'on doit suivre à la
trace,
Ne sont pas ceux aussi qui font tant de grimace.
Eh quoi ! vous ne ferez nulle distinction
Entre l'hypocrisie et la dévotion ?
Vous les voulez traiter d'un semblable langage,
Et rendre même honneur au masque qu'au
visage ;
Égaler l'artifice à la sincérité,
Confondre l'apparence avec la vérité,
Estimer le fantôme autant que la personne,
Et la fausse monnaie à l'égal de la bonne ?
Les hommes, la plupart, sont étrangement
faits ;
Dans la juste nature on ne les voit jamais :
La raison a pour eux des bornes trop petites,
En chaque caractère ils passent ses limites ;
Et la plus noble chose, ils la gâtent souvent,
Pour la vouloir outrer et pousser trop avant.
Que cela vous soit dit en passant, mon
beau-frère.

ORGON

Oui, vous êtes sans doute un docteur qu'on
révère ;
Tout le savoir du monde est chez vous retiré ;
Vous êtes le seul sage et le seul éclairé,
Un oracle, un Caton, dans le siècle où nous
sommes ;

Et près de vous ce sont des sots que tous les
hommes.

CLÉANTE

Je ne suis point, mon frère, un docteur révéré ;
Et le savoir chez moi n'est pas tout retiré.
Mais, en un mot, je sais, pour toute ma science,
Du faux avec le vrai faire la différence.
Et comme je ne vois nul genre de héros
Qui soient plus à priser que les parfaits dévots,
Aucune chose au monde et plus noble et plus
belle
Que la sainte ferveur d'un véritable zèle,
Aussi ne vois-je rien qui soit plus odieux
Que le dehors plâtré d'un zèle spécieux,
Que ces francs charlatans, que ces dévots de
place,
De qui la sacrilège et trompeuse grimace
Abuse impunément, et se joue, à leur gré,
De ce qu'ont les mortels de plus saint et sacré ;
Ces gens qui, par une âme à l'intérêt soumise,
Font de dévotion métier et marchandise,
Et veulent acheter crédit et dignités
À prix de faux clins d'yeux et d'élans affectés ;
Ces gens, dis-je, qu'on voit, d'une ardeur non
commune,
Par le chemin du ciel courir à leur fortune ;
Qui, brûlants et priants, demandent chaque
jour,

Et prêchent la retraite au milieu de la cour ;
Qui savent ajuster leur zèle avec leurs vices,
Sont prompts, vindicatifs, sans foi, pleins d'artifices,
Et, pour perdre quelqu'un, couvrent insolemment
De l'intérêt du ciel leur fier ressentiment ;
D'autant plus dangereux dans leur âpre colère,
Qu'ils prennent contre nous des armes qu'on révère,
Et que leur passion, dont on leur sait bon gré,
Veut nous assassiner avec un fer sacré :
De ce faux caractère on en voit trop paraître,
Mais les dévots de cœur sont aisés à connaître.
Notre siècle, mon frère, en expose à nos yeux
Qui peuvent nous servir d'exemples glorieux.
Regardez Ariston, regardez Périandre,
Oronte, Alcidamas, Polydore, Clitandre ;
Ce titre par aucun ne leur est débattu ;
Ce ne sont point du tout fanfarons de vertu ;
On ne voit point en eux ce faste insupportable,
Et leur dévotion est humaine, est traitable :
Ils ne censurent point toutes nos actions,
Ils trouvent trop d'orgueil dans ces corrections :
Et, laissant la fierté des paroles aux autres,
C'est par leurs actions qu'ils reprennent les nôtres.
L'apparence du mal a chez eux peu d'appui,

Et leur âme est portée à juger bien d'autrui.
Point de cabale en eux, point d'intrigues à
suivre ;
On les voit, pour tous soins, se mêler de bien
vivre.
Jamais contre un pêcheur ils n'ont
d'acharnement,
Ils attachent leur haine au péché seulement,
Et ne veulent point prendre, avec un zèle
extrême,
Les intérêts du ciel plus qu'il ne veut lui-même.
Voilà mes gens, voilà comme il en faut user,
Voilà l'exemple enfin qu'il se faut proposer.
Votre homme, à dire vrai, n'est pas de ce
modèle :
C'est de fort bonne foi que vous vantez son
zèle ;
Mais par un faux éclat je vous crois ébloui.

ORGON

Monsieur mon cher beau-frère, avez-vous tout
dit ?

CLÉANTE

Oui.

ORGON, *s'en allant*

Je suis votre valet.

CLÉANTE

De grâce, un mot, mon frère.

Laissons là, ce discours. Vous savez que Valère,
Pour être votre gendre, a parole de vous.

ORGON

Oui.

CLÉANTE

Vous aviez pris jour pour un lien si doux.

ORGON

Il est vrai.

CLÉANTE

Pourquoi donc en différer la fête ?

ORGON

Je ne sais.

CLÉANTE

Auriez-vous autre pensée en tête ?

ORGON

Peut-être.

CLÉANTE

Vous voulez manquer à votre foi ?

ORGON

Je ne dis pas cela.

CLÉANTE

Nul obstacle, je crois,
Ne vous peut empêcher d'accomplir vos
promesses.

ORGON

Selon.

CLÉANTE

Pour dire un mot faut-il tant de finesse ?
Valère, sur ce point, me fait vous visiter.

ORGON

Le ciel en soit loué !

CLÉANTE

Mais que lui reporter ?

ORGON

Tout ce qu'il vous plaira.

CLÉANTE

Mais il est nécessaire
De savoir vos desseins. Quels sont-ils donc ?

ORGON

De faire
Ce que le ciel voudra.

CLÉANTE

Mais parlons tout de bon.
Valère a votre foi : la tiendrez-vous, ou non ?

ORGON

Adieu.

CLÉANTE, *seul*

Pour son amour, je crains une disgrâce,
Et je dois l'avertir de tout ce qui se passe.

Acte
deuxième

SCÈNE I

ORGON, MARIANE

ORGON

Mariane.

MARIANE

Mon père ?

ORGON

Approchez ; j'ai de quoi
Vous parler en secret.

MARIANE,
à Orgon, qui regarde dans un cabinet

Que cherchez-vous ?

ORGON

Je vois

Si quelqu'un n'est point là qui pourrait nous
entendre,
Car ce petit endroit est propre pour surprendre.
Or sus, nous voilà bien. J'ai, Mariane, en vous
Reconnu de tout temps un esprit assez doux,
Et de tout temps aussi vous m'avez été chère.

MARIANE

Je suis fort redevable à cet amour de père.

ORGON

C'est fort bien dit, ma fille, et, pour le mériter,
Vous devez n'avoir soin que de me contenter.

MARIANE

C'est où je mets aussi ma gloire la plus haute.

ORGON

Fort bien. Que dites-vous de Tartuffe notre
hôte ?

MARIANE

Qui, moi ?

ORGON

Vous. Voyez bien comme vous répondrez.

MARIANE

Hélas ! j'en dirai, moi, tout ce que vous
voudrez.

SCÈNE II

ORGON, MARIANE ; DORINE, *entrant
doucement, et se tenant derrière Orgon, sans être vu*

ORGON

C'est parler sagement... Dites-moi donc, ma
fille,
Qu'en toute sa personne un haut mérite brille,
Qu'il touche votre cœur, et qu'il vous serait
doux
De le voir, par mon choix, devenir votre époux ?
Hé ?

MARIANE

Hé !

ORGON

Qu'est-ce ?

MARIANE

Plaît-il ?

ORGON

Quoi ?

MARIANE

Me suis-je méprise ?

ORGON

Comment ?

MARIANE

Qui voulez-vous, mon père, que je dise
Qui me touche le cœur, et qu'il me serait doux
De voir, par votre choix, devenir mon époux ?

ORGON

Tartuffe.

MARIANE

Il n'en est rien, mon père, je vous jure.
Pourquoi me faire dire une telle imposture ?

ORGON

Mais je veux que cela soit une vérité ;
Et c'est assez pour vous que je l'aie arrêté.

MARIANE

Quoi ! vous voulez, mon père... ?

ORGON

Oui, je prétends, ma fille,
Unir, par votre hymen, Tartuffe à ma famille.
Il sera votre époux, j'ai résolu cela ;
    (apercevant Dorine)
Et comme sur vos vœux je... Que faites-vous
là ?
La curiosité qui vous presse est bien forte,
Ma mie, à nous venir écouter de la sorte.

DORINE

Vraiment, je ne sais pas si c'est un bruit qui,
part
De quelque conjecture ou d'un coup de hasard ;
Mais de ce mariage on m'a dit la nouvelle,
Et j'ai traité cela de pure bagatelle.

ORGON

Quoi donc ! la chose est-elle incroyable ?

DORINE

A tel point
Que vous-même, monsieur, je ne vous en crois
point !

ORGON

Je sais bien le moyen de vous le faire croire.

DORINE

Oui, oui, vous nous contez une plaisante
histoire.

ORGON

Je conte justement ce qu'on verra dans peu.

DORINE

Chansons !

ORGON

Ce que je dis, ma fille, n'est point jeu.

DORINE

Allez, ne croyez point à monsieur votre père ;
Il raille.

ORGON

Je vous dis...

DORINE

Non, vous avez beau faire,
On ne vous croira point.

ORGON

A la fin mon courroux...

DORINE

Eh bien ! on vous croit donc ; et c'est tant pis
pour vous.
Quoi ! se peut-il, monsieur, qu'avec l'air
d'homme sage,
Et cette large barbe au milieu du visage,
Vous soyez assez fou pour vouloir ?...

ORGON

Écoutez :
Vous avez pris céans certaines privautés
Qui ne me plaisent point ; je vous le dis, ma
mie.

DORINE

Parlons sans nous fâcher, monsieur, je vous
supplie.

Vous moquez-vous des gens d'avoir fait ce
complot ?
Votre fille n'est point l'affaire d'un bigot :
Il a d'autres emplois auxquels il faut qu'il pense.
Et puis, que vous apporte une telle alliance ?
A quel sujet aller, avec tout votre bien,
Choisir un gendre gueux ?...

ORGON

Taisez-vous. S'il n'a rien,
Sachez que c'est par là qu'il faut qu'on le révère.
Sa misère est sans doute une honnête misère ;
Au-dessus des grandeurs elle doit l'élever,
Puisque enfin de son bien il s'est laissé priver
Par son trop peu de soin des choses
temporelles,
Et sa puissante attache aux choses éternelles.
Mais mon secours pourra lui donner les moyens
De sortir d'embarras, et rentrer dans ses biens :
Ce sont fiefs qu'à bon titre au pays on
renomme ;
Et, tel que l'on le voit, il est bien gentilhomme.

DORINE

Oui, c'est lui qui le dit ; et cette vanité,
Monsieur, ne sied pas bien avec la piété.
Qui d'une sainte vie embrasse l'innocence
Ne doit point tant prôner son nom et sa
naissance ;

Et l'humble procédé de la dévotion
Souffre mal les éclats de cette ambition.
A quoi bon cet orgueil ?... Mais ce discours vous
blesse :
Parlons de sa personne, et laissons sa noblesse.
Ferez-vous possesseur, sans quelque peu
d'ennui,
D'une fille comme elle un homme comme lui ?
Et ne devez-vous pas songer aux bienséances,
Et de cette union prévoir les conséquences ?
Sachez que d'une fille on risque la vertu,
Lorsque dans son hymen son goût est
combattu ;
Que le dessein d'y vivre en honnête personne
Dépend des qualités du mari qu'on lui donne,
Et que ceux dont partout on montre au doigt
le front
Font leurs femmes souvent ce qu'on voit
qu'elles sont.
Il est bien difficile enfin d'être fidèle
A de certains maris faits d'un certain modèle ;
Et qui donne à sa fille un homme qu'elle hait
Est responsable au ciel des fautes qu'elle fait.
Songez à quels périls votre dessein vous livre.

ORGON

Je vous dis qu'il me faut apprendre d'elle à
vivre !

DORINE

Vous n'en feriez que mieux de suivre mes
leçons.

ORGON

Ne nous amusons point, ma fille, à ses
chansons ;
Je sais ce qu'il vous faut, et je suis votre père.
J'avais donné pour vous ma parole à Valère ;
Mais, outre qu'à jouer on dit qu'il est enclin,
Je le soupçonne encor d'être un peu libertin ;
Je ne remarque point qu'il hante les églises.

DORINE

Voulez-vous qu'il y coure à vos heures précises,
Comme ceux qui n'y vont que pour être
aperçus ?

ORGON

Je ne demande pas votre avis là-dessus.
Enfin, avec le ciel l'autre est le mieux du monde,
Et c'est une richesse à nulle autre   seconde.
Cet hymen de tous bien comblera vos désirs,
Il sera tout confit en douceurs et plaisirs.
Ensemble vous vivrez, dans vos ardeurs fidèles,
Comme deux vrais enfants, comme deux tourte-
relles :
A nul fâcheux débat jamais vous n'en viendrez ;
Et vous ferez de lui tout ce que vous voudrez.

DORINE

Elle ? Elle n'en fera qu'un sot, je vous assure.

ORGON

Ouais ! quels discours !

DORINE

Je dis qu'il en a l'encolure.
Et que son ascendant, monsieur, l'emportera
Sur toute la vertu que votre fille aura.

ORGON

Cessez de m'interrompre, et songez à vous taire,
Sans mettre votre nez où vous n'avez que faire.

DORINE

Je n'en parle, monsieur, que pour votre intérêt.

ORGON

C'est prendre trop de soin ; taisez-vous, s'il vous plaît.

DORINE

Si l'on ne vous aimait...

ORGON

Je ne veux pas qu'on m'aime.

DORINE

Et je veux vous aimer, monsieur, malgré vous-même.

ORGON

Ah !

DORINE

Votre honneur m'est cher, et je ne puis souffrir
Qu'aux brocards d'un chacun vous alliez vous
offrir.

ORGON

Vous ne vous tairez point !

DORINE

C'est une conscience
Que de vous laisser faire une telle alliance.

ORGON

Te tairas-tu, serpent, dont les traits effrontés...

DORINE

Ah ! vous êtes dévot, et vous vous emportez !

ORGON

Oui, ma bile s'échauffe à toutes ces fadaises,
Et tout résolûment je veux que tu te taises.

DORINE

Soit. Mais, ne disant mot, je n'en pense pas
moins.

ORGON

Pense, si tu le veux ; mais applique tes soins

(à sa fille)

A ne m'en point parler, ou... Suffit... Comme
sage,
J'ai pesé mûrement toutes choses.

DORINE, *à part*

J'enrage
De ne pouvoir parler.

ORGON

Sans être damoiseau,
Tartuffe est fait de sorte...

DORINE, *à part*

Oui, c'est un beau museau.

ORGON

Que quand tu n'aurais même aucune sympathie
Pour tous les autres dons...

DORINE, *à part*

La voilà bien lotie !
*(Orgon se tourne du côté de Dorine, et, les bras croisés,
l'écoute et la regarde en face)*
Si j'étais en sa place, un homme assurément
Ne m'épouserait pas de force impunément ;
Et je lui ferais voir, bientôt après la fête,
Qu'une femme a toujours une vengeance prête.

ORGON, *à Dorine*

Donc de ce que je dis on ne fera nul cas ?

DORINE

De quoi vous plaignez-vous ? Je ne vous parle
pas.

ORGON

Qu'est-ce que tu fais donc ?

DORINE

Je me parle à moi-même.

ORGON, *à part*

Fort bien. Pour châtier son insolence extrême,
Il faut que je lui donne un revers de ma main.
   (il se met en posture de donner un soufflet à Dorine,
   et, à chaque mot qu'il dit à sa fille, il se tourne pour
   regarder Dorine, qui se tient droite sans parler)
Ma fille, vous devez approuver mon dessein...
Croire que le mari... que j'ai su vous élire...
   (à Dorine)
Que ne te parles-tu ?

DORINE

Je n'ai rien à me dire.

ORGON

Encore un petit mot.

DORINE

Il ne me plaît pas, moi.

ORGON

Certes, je t'y guettais.

DORINE

Quelque sotte, ma foi !...

ORGON

Enfin, ma fille, il faut payer d'obéissance,
Et montrer pour mon choix entière déférence.

DORINE, *en s'enfuyant*

Je me moquerais fort de prendre un tel époux.

ORGON

après avoir manqué de donner un soufflet à Dorine

Vous avez là, ma fille, une peste avec vous,
Avec qui, sans péché, je ne saurais plus vivre.
Je me sens hors d'état maintenant de poursuivre ;
Ses discours insolents m'ont mis l'esprit en feu,
Et je vais prendre l'air pour me rasseoir un peu.

SCÈNE III

MARIANE, DORINE

DORINE

Avez-vous donc perdu, dites-moi, la parole ?
Et faut-il qu'en ceci je fasse votre rôle ?
Souffrir qu'on vous propose un projet insensé,
Sans que du moindre mot vous l'ayez repoussé !

MARIANE

Contre un père absolu que veux-tu que je
fasse ?

DORINE

Ce qu'il faut pour parer une telle menace.

MARIANE

Quoi ?

DORINE

Lui dire qu'un cœur n'aime point par autrui,
Que vous vous mariez pour vous, non pas pour
lui ;
Qu'étant celle pour qui se fait toute l'affaire,
C'est à vous, non à lui, que le mari doit plaire,
Et que si son Tartuffe est pour lui si charmant,
Il le peut épouser sans nul empêchement.

MARIANE

Un père, je l'avoue, a sur nous tant d'empire,
Que je n'ai jamais eu la force de rien dire.

DORINE

Mais raisonnons. Valère a fait pour vous des
pas :
L'aimez-vous, je vous prie, ou ne l'aimez-vous
pas ?

MARIANE

Ah ! qu'envers mon amour ton injustice est
grande,
Dorine ! me dois-tu faire cette demande ?
T'ai-je pas là-dessus ouvert cent fois mon
cœur ?
Et sais-tu pas pour lui jusqu'où va mon ardeur ?

DORINE

Que sais-je si le cœur a parlé par la bouche,
Et si c'est tout de bon que cet amant vous
touche ?

MARIANE

Tu me fais un grand tort, Dorine, d'en douter ;
Et mes vrais sentiments ont su trop éclater.

DORINE

Enfin, vous l'aimez donc ?

MARIANE

Oui, d'une ardeur extrême.

DORINE

Et selon l'apparence, il vous aime de même ?

MARIANE

Je le crois.

DORINE

Et tous deux brûlez également
De vous voir mariés ensemble ?

MARIANE

Assurément.

DORINE

Sur cette autre union quelle est donc votre
attente ?

MARIANE

De me donner la mort, si l'on me violente.

DORINE

Fort bien. C'est un recours où je ne songeais
pas.
Vous n'avez qu'à mourir pour sortir
d'embarras.
Le remède sans doute est merveilleux. J'enrage
Lorsque j'entends tenir ces sortes de langage.

MARIANE

Mon Dieu ! de quelle humeur, Dorine, tu te
rends !
Tu ne compatis point aux déplaisirs des gens.

DORINE

Je ne compatis point à qui dit des sornettes,
Et dans l'occasion mollit comme vous faites.

MARIANE

Mais que veux-tu ? si j'ai de la timidité...

DORINE

Mais l'amour dans un cœur veut de la fermeté.

MARIANE

Mais n'en gardé-je pas pour les feux de Valère ?
Et n'est-ce pas à lui de m'obtenir d'un père ?

DORINE

Mais quoi ! si votre père est un bourru fieffé
Qui s'est de son Tartuffe entièrement coiffé,
Et manque à l'union qu'il avait arrêtée,
La faute à votre amant doit-elle être imputée ?

MARIANE

Mais, par un haut refus et d'éclatants mépris,
Ferai-je, dans mon choix, voir un cœur trop
épris ?
Sortirai-je pour lui, quelque éclat dont il brille,
De la pudeur du sexe, et du devoir de fille ?
Et veux-tu que mes feux par le monde étalés...

DORINE

Non, non, je ne veux rien. Je vois que vous
voulez
Être à monsieur Tartuffe ; et j'aurais, quand j'y
pense,
Tort de vous détourner d'une telle alliance.
Quelle raison aurais-je à combattre vos vœux ?
Le parti de soi-même est fort avantageux.
Monsieur Tartuffe ! oh ! oh ! n'est-ce rien qu'on
propose ?

Certes, monsieur Tartuffe, à bien prendre la
chose,
N'est pas un homme, non, qui se mouche du
pied ;
Et ce n'est pas peu d'heur que d'être sa moitié.
Tout le monde déjà de gloire le couronne ;
Il est noble chez lui, bien fait de sa personne ;
Il a l'oreille rouge et le teint bien fleuri :
Vous vivrez trop contente avec un tel mari.

MARIANE

Mon Dieu !...

DORINE

Quelle allégresse aurez-vous dans votre âme,
Quand d'un époux si beau vous vous verrez la
femme !

MARIANE

Ah ! cesse, je te prie, un semblable discours ;
Et contre cet hymen ouvre-moi du secours.
C'en est fait, je me rends, et suis prête à tout
faire.

DORINE

Non, il faut qu'une fille obéisse à son père,
Voulût-il lui donner un singe pour époux.
Votre sort est fort beau : de quoi vous
plaignez-vous ?
Vous irez par le coche en sa petite ville,

Qu'en oncles et cousins vous trouverez fertile,
Et vous vous plairez fort à les entretenir.
D'abord chez le beau monde on vous fera venir.
Vous irez visiter, pour votre bienvenue,
Madame la baillive et madame l'élue,
Qui d'un siège pliant vous feront honorer.
Là, dans le carnaval, vous pourrez espérer
Le bal et la grand-bande, à savoir, deux
    musettes,
Et parfois Fagotin [1] et les marionnettes ;
Si pourtant votre époux...

MARIANE

Ah ! tu me fais mourir.
De tes conseils plutôt songe à me secourir.

DORINE

Je suis votre servante.

MARIANE

Hé ! Dorine, de grâce...

DORINE

Il faut, pour vous punir, que cette affaire passe.

MARIANE

Ma pauvre fille !

DORINE

Non.

----

1. C'était un singe savant.

MARIANE

Si mes vœux déclarés...

DORINE

Point. Tartuffe est votre homme, et vous en
tâterez.

MARIANE

Tu sais qu'à toi toujours je me suis confiée :
Fais-moi...

DORINE

Non, vous serez, ma foi, tartuffiée.

MARIANE

Eh bien ! puisque mon sort ne saurait
t'émouvoir,
Laisse-moi désormais toute à mon désespoir :
C'est de lui que mon cœur empruntera de
l'aide ;
Et je sais de mes maux l'infaillible remède.
    (Mariane veut s'en aller)

DORINE

Hé ! là, là, revenez. Je quitte mon courroux.
Il faut, nonobstant tout, avoir pitié de vous.

MARIANE

Vois-tu, si l'on m'expose à ce cruel martyre,
Je te le dis, Dorine, il faudra que j'expire.

DORINE

Ne vous tourmentez point. On peut adroitement
Empêcher... Mais voici Valère, votre amant.

SCÈNE IV

VALÈRE, MARIANE, DORINE

VALÈRE

On vient de débiter, madame, une nouvelle
Que je ne savais pas, et qui sans doute est belle.

MARIANE

Quoi ?

VALÈRE

Que vous épousez Tartuffe.

MARIANE

Il est certain
Que mon père s'est mis en tête ce dessein.

VALÈRE

Votre père, madame...

MARIANE

A changé de visée :
La chose vient par lui de m'être proposée.

VALÈRE

Quoi ! sérieusement ?

MARIANE

Oui, sérieusement.
Il s'est pour cet hymen déclaré hautement.

VALÈRE

Et quel est le dessein où votre âme s'arrête,
Madame ?

MARIANE

Je ne sais.

VALÈRE

La réponse est honnête.
Vous ne savez ?

MARIANE

Non.

VALÈRE

Non ?

MARIANE

Que me conseillez-vous ?

VALÈRE

Je vous conseille, moi, de prendre cet époux.

MARIANE

Vous me le conseillez ?

VALÈRE

Oui.

MARIANE

Tout de bon ?

VALÈRE

Sans doute.
Le choix est glorieux, et vaut bien qu'on l'écoute.

MARIANE

Eh bien ! c'est un conseil, monsieur, que je reçois.

VALÈRE

Vous n'aurez pas grand-peine à le suivre, je crois.

MARIANE

Pas plus qu'à le donner n'en a souffert votre âme.

VALÈRE

Moi, je vous l'ai donné pour vous plaire, madame.

MARIANE

Et moi, je le suivrai pour vous faire plaisir.

DORINE, *se retirant dans le fond du théâtre*

Voyons ce qui pourra de ceci réussir.

VALÈRE

C'est donc ainsi qu'on aime ? Et c'était tromperie
Quand vous...

MARIANE

Ne parlons point de cela, je vous prie.
Vous m'avez dit tout franc que je dois accepter
Celui que pour époux on me veut présenter :
Et je déclare, moi, que je prétends le faire,
Puisque vous m'en donnez le conseil salutaire.

VALÈRE

Ne vous excusez point sur mes intentions.
Vous aviez pris déjà vos résolutions ;
Et vous vous saisissez d'un prétexte frivole
Pour vous autoriser à manquer de parole.

MARIANE

Il est vrai, c'est bien dit.

VALÈRE

Sans doute ; et votre cœur
N'a jamais eu pour moi de véritable ardeur.

MARIANE

Hélas ! permis à vous d'avoir cette pensée.

VALÈRE

Oui, oui, permis à moi ; mais mon âme offensée

Vous préviendra peut-être en un pareil dessein ;
Et je sais où porter et mes vœux et ma main.

MARIANE

Ah ! je n'en doute point ; et les ardeurs qu'excite
Le mérite...

VALÈRE

Mon Dieu ! laissons là le mérite ;
J'en ai fort peu, sans doute ; et vous en faites foi.
Mais j'espère aux bontés qu'une autre aura pour moi,
Et j'en sais de qui l'âme, à ma retraite ouverte,
Consentira sans honte à réparer ma perte.

MARIANE

La perte n'est pas grande ; et de ce changement
Vous vous consolerez assez facilement.

VALÈRE

J'y ferai mon possible ; et vous le pouvez croire.
Un cœur qui nous oublie engage notre gloire :
Il faut à l'oublier mettre aussi tous nos soins ;
Si l'on n'en vient à bout, on le doit feindre au moins :
Et cette lâcheté jamais ne se pardonne,
De montrer de l'amour pour qui nous abandonne.

MARIANE

Ce sentiment, sans doute, est noble et relevé.

VALÈRE

Fort bien ; et d'un chacun il doit être approuvé.
Eh quoi ! vous voudriez qu'à jamais dans mon
âme
Je gardasse pour vous les ardeurs de ma
flamme,
Et vous visse, à mes yeux, passer en d'autres
bras,
Sans mettre ailleurs un cœur dont vous ne
voulez pas ?

MARIANE

Au contraire ; pour moi, c'est ce que je
souhaite ;
Et je voudrais déjà que la chose fût faite.

VALÈRE

Vous le voudriez ?

MARIANE

Oui.

VALÈRE

C'est assez m'insulter,
Madame ; et, de ce pas, je vais vous contenter.
   (il fait un pas pour s'en aller)

MARIANE

Fort bien.

VALÈRE, *revenant*

Souvenez-vous au moins que c'est vous-même
Qui contraignez mon cœur à cet effort extrême.

MARIANE

Oui.

VALÈRE, *revenant encore*

Et que le dessein que mon âme conçoit
N'est rien qu'à votre exemple.

MARIANE

A mon exemple, soit.

VALÈRE, *en sortant*

Suffit : vous allez être à point nommé servie.

MARIANE

Tant mieux.

VALÈRE, *revenant encore*

Vous me voyez, c'est pour toute ma vie.

MARIANE

A la bonne heure.

VALÈRE, *se retournant lorsqu'il est prêt à sortir*

Hé ?

MARIANE

Quoi ?

VALÈRE

Ne m'appelez-vous pas ?

MARIANE

Moi ? vous rêvez.

VALÈRE

Eh bien ! je poursuis donc mes pas.
Adieu ! madame.

(il s'en va lentement)

MARIANE

Adieu, monsieur.

DORINE, à Mariane

Pour moi, je pense
Que vous perdez l'esprit par cette
extravagance :
Et je vous ai laissés tout du long   quereller,
Pour voir où tout cela pourrait enfin aller.
Holà ! seigneur Valère.

(elle arrête Valère par le bras)

VALÈRE, feignant de résister

Hé ! que veux-tu, Dorine ?

DORINE

Venez ici.

VALÈRE

Non, non, le dépit me domine :
Ne me détourne point de ce qu'elle a voulu.

DORINE

Arrêtez.

VALÈRE

Non, vois-tu, c'est un point résolu.

DORINE

Ah !

MARIANE, *à part*

Il souffre à me voir, ma présence le chasse ;
Et je ferai bien mieux de lui quitter la place.

DORINE, *quittant Valère et courant après Mariane*

A l'autre ! où courez-vous ?

MARIANE

Laisse.

DORINE

Il faut revenir.

MARIANE

Non, non, Dorine ; en vain tu veux me retenir.

VALÈRE, *à part*

Je vois bien que ma vue est pour elle un supplice ;

Et sans doute il vaut mieux que je l'en affranchisse.

DORINE, *quittant Mariane et courant après Valère*
Encor ! Diantre soit fait de vous ! Si, je le veux,
Cessez ce badinage, et venez çà tous deux.
(*elle prend Valère et Mariane par la main et les ramène*)

VALÈRE, *à Dorine*
Mais quel est ton dessein ?

MARIANE, *à Dorine*
Qu'est-ce que tu veux faire ?

DORINE
Vous bien remettre ensemble et vous tirer d'affaire.
(*à Valère*)
Êtes-vous fou d'avoir un pareil démêlé ?

VALÈRE
N'as-tu pas entendu comme elle m'a parlé ?

DORINE, *à Mariane*
Êtes-vous folle, vous, de vous être emportée ?

MARIANE
N'as-tu pas vu la chose, et comme il m'a traitée ?

DORINE
(*à Valère*)

Sottise des deux parts. Elle n'a d'autre soin
Que de se consacrer à vous, j'en suis témoin.
> *(à Mariane)*

Il n'aime que vous seule, et n'a point d'autre envie
Que d'être votre époux, j'en réponds sur ma vie.

MARIANE, à Valère

Pourquoi donc me donner un semblable conseil ?

VALÈRE, à Mariane

Pourquoi m'en demander sur un sujet pareil ?

DORINE

Vous êtes fous tous deux. Çà, la main l'un et l'autre
> *(à Valère)*

Allons, vous.

VALÈRE, en donnant sa main à Dorine

A quoi bon ma main ?

DORINE, à Mariane

Ah çà ! la vôtre.

MARIANE, en donnant aussi sa main

De quoi sert tout cela ?

DORINE

Mon Dieu ! vite, avancez.

Vous vous aimez tous deux plus que vous ne
pensez.

>   *(Valère et Mariane se tiennent quelque temps par la*
>   *main sans se regarder)*

VALÈRE, *se tournant vers Mariane*

Mais ne faites donc point les choses avec peine,
Et regardez un peu les gens sans nulle haine.

>   *(Mariane se tourne du côté de Valère en lui souriant)*

DORINE

A vous dire le vrai, les amants sont bien fous !

VALÈRE, *à Mariane*

Oh çà ! n'ai-je pas lieu de me plaindre de vous ?
Et pour n'en point mentir, n'êtes-vous pas
méchante
De vous plaire à me dire une chose affligeante ?

MARIANE

Mais vous, n'êtes-vous pas l'homme le plus
ingrat ?...

DORINE

Pour une autre saison laissons tout ce débat,
Et songeons à parer ce fâcheux mariage.

MARIANE

Dis-nous donc quels ressorts il faut mettre en
usage.

DORINE

Nous en ferons agir de toutes les façons.

(à Mariane)   (à Valère)

Votre père se moque ; et ce sont des chansons.

(à Mariane)

Mais, pour vous, il vaut mieux qu'à son
extravagance

D'un doux consentement vous pretiez
l'apparence,

Afin qu'en cas d'alarme il vous soit plus aisé

De tirer en longueur cet hymen proposé.

En attrapant du temps, à tout on remédie.

Tantôt vous payerez de quelque maladie

Qui viendra tout à coup, et voudra des délais ;

Tantôt vous payerez de présages mauvais :

Vous aurez fait d'un mort la rencontre fâcheuse,

Cassé quelque miroir, ou songé d'eau bour-
beuse ;

Enfin, le bon de tout, c'est qu'à d'autres qu'à
lui

On ne vous peut lier que vous ne disiez oui.

Mais, pour mieux réussir, il est bon ce me
semble,

Qu'on ne vous trouve point tous deux parlant
ensemble.

(à Valère)

Sortez ; et, sans tarder, employer vos amis

Pour vous faire tenir ce qu'on vous a promis.
Nous, allons réveiller les efforts de son frère,
Et dans notre parti jeter la belle-mère.
Adieu.

VALÈRE, *à Mariane*

Quelques efforts que nous préparons tous,
Ma plus grande espérance, à vrai dire, est en
vous.

MARIANE, *à Valère*

Je ne vous réponds pas des volontés d'un père ;
Mais je ne serai point à d'autre qu'à Valère.

VALÈRE

Que vous me comblez d'aise ! Et quoi que
puisse oser...

DORINE

Ah ! Jamais les amants ne sont las de jaser.
Sortez, vous dis-je.

VALÈRE, *revenant sur ses pas*

Enfin...

DORINE

Quel caqet est le vôtre !
Tirez de cette part ; et vous, tirez de l'autre.
 (Dorine les pousse chacun par l'épaule, et les oblige de
 se séparer)

« Voilà, je vous l'avoue, un abominable homme ! »

Acte troisième

SCÈNE I

DAMIS, DORINE

DAMIS

Que la foudre, sur l'heure, achève mes destins,
Qu'on me traite partout du plus grand des faquins,
S'il est aucun respect ni pouvoir qui m'arrête,
Et si je ne fais pas quelque coup de ma tête !

DORINE

De grâce, modérez un tel emportement :
Votre père n'a fait qu'en parler simplement.
On n'exécute pas tout ce qui se propose ;
Et le chemin est long du projet à la chose.

DAMIS

Il faut que de ce fat j'arrête les complots,
Et qu'à l'oreille un peu je lui dise deux mots.

DORINE

Ah ! tout doux ! envers lui, comme envers votre
père,
Laissez agir les soins de votre belle-mère.
Sur l'esprit de Tartuffe elle a quelque crédit ;
Il se rend complaisant à tout ce qu'elle dit,
Et pourrait bien avoir douceur de cœur pour
elle.
Plût à Dieu qu'il fût vrai ! la chose serait belle.
Enfin, votre intérêt l'oblige à le mander :
Sur l'hymen qui vous trouble elle veut le
sonder,
Savoir ses sentiments, et lui faire connaître
Quels fâcheux démêlés il pourra faire naître,
S'il faut qu'à ce dessein il prête quelque espoir.
Son valet dit qu'il prie, et je n'ai pu le voir ;
Mais ce valet m'a dit qu'il s'en allait descendre.
Sortez donc, je vous prie, et me laissez
l'attendre.

DAMIS

Je puis être présent à tout cet entretien.

DORINE

Point. Il faut qu'ils soient seuls.

DAMIS

Je ne lui dirai rien.

DORINE

Vous vous moquez : on sait vos transports ordinaires ;
Et c'est le vrai moyen de gâter les affaires.
Sortez.

DAMIS

Non ; je veux voir, sans me mettre en courroux.

DORINE

Que vous êtes fâcheux ! Il vient. Retirez-vous.
*(Damis va se cacher dans un cabinet qui est au fond
du théâtre)*

SCÈNE II

TARTUFFE, DORINE

TARTUFFE, *parlant haut à son valet
qui est dans la maison, dès qu'il aperçoit Dorine*
Laurent, serrez ma haire avec ma discipline,
Et priez que toujours le ciel vous illumine.
Si l'on vient pour me voir, je vais aux prisonniers
Des aumônes que j'ai partager les deniers.

DORINE, *à part*
Que d'affectation et de forfanterie !

TARTUFFE

Que voulez-vous ?

DORINE

Vous dire...

TARTUFFE, *tirant un mouchoir de sa poche*
Ah ! mon Dieu ! je vous prie,
Avant que de parler, prenez-moi ce mouchoir.

DORINE

Comment !

TARTUFFE

Couvrez ce sein que je ne saurais voir.
Par de pareils objets les âmes sont blessées,
Et cela fait venir de coupables pensées.

DORINE

Vous êtes donc bien tendre à la tentation ;
Et la chair sur vos sens fait grande impression !
Certes, je ne sais pas quelle chaleur vous
monte :
Mais à convoiter, moi, je ne suis point si
prompte ;
Et je vous verrais nu, du haut jusques en bas,
Que toute votre peau ne me tenterait pas.

TARTUFFE

Mettez dans vos discours un peu de modestie,
Ou je vais sur-le-champ vous quitter la partie.

DORINE

Non, non, c'est moi qui vais vous laisser en
repos,
Et je n'ai seulement qu'à vous dire deux mots.
Madame va venir dans cette salle basse,
Et d'un mot d'entretien vous demande la grâce.

TARTUFFE

Hélas ! très volontiers.

DORINE, *à part*

Comme il se radoucit !
Ma foi, je suis toujours pour ce que j'en ai dit.

TARTUFFE

Viendra-t-elle bientôt ?

DORINE

Je l'entends, ce me semble.
Oui, c'est elle en personne, et je vous laisse
ensemble.

SCÈNE III

ELMIRE, TARTUFFE

TARTUFFE

Que le ciel à jamais, par sa toute-bonté,

Et de l'âme et du corps vous donne la santé,
Et bénisse vos jours autant que le désire
Le plus humble de ceux que son amour inspire !

ELMIRE

Je suis fort obligée à ce souhait pieux.
Mais prenons une chaise, afin d'être un peu
mieux.

TARTUFFE, *assis*

Comment de votre mal vous sentez-vous
remise ?

ELMIRE, *assise*

Fort bien ; et cette fièvre a bientôt quitté prise.

TARTUFFE

Mes prières n'ont pas le mérite qu'il faut
Pour avoir attiré cette grâce d'en haut ;
Mais je n'ai fait au ciel nulle dévote instance
Qui n'ait eue pour objet votre convalescence.

ELMIRE

Votre zèle pour moi s'est trop inquiété.

TARTUFFE

On ne peut trop chérir votre chère santé ;
Et pour la rétablir, j'aurais donné la mienne.

ELMIRE

C'est pousser bien avant la charité chrétienne ;

Et je vous dois beaucoup pour toutes ces
bontés.

TARTUFFE

Je fais bien moins pour vous que vous ne
méritez.

ELMIRE

J'ai voulu vous parler en secret d'une affaire,
Et suis bien aise, ici, qu'aucun ne nous éclaire.

TARTUFFE

J'en suis ravi de même ; et sans doute, il m'est
doux,
Madame, de me voir seul à seul avec vous.
C'est une occasion qu'au ciel j'ai demandée,
Sans que, jusqu'à cette heure, il me l'ait
accordée.

ELMIRE

Pour moi, ce que je veux, c'est un mot
d'entretien,
Où tout votre cœur s'ouvre et ne me cache rien.

*(Damis, sans se montrer, entrouvre la porte du cabinet
dans lequel il s'était retiré, pour entendre la
conversation)*

TARTUFFE

Et je ne veux aussi, pour grâce singulière,
Que montrer à vos yeux mon âme tout entière,

Et vous faire serment que les bruits que j'ai faits
Des visites qu'ici reçoivent vos attraits
Ne sont pas envers vous l'effet d'aucune haine
Mais plutôt d'un transport de zèle qui m'entraîne,
Et d'un pur mouvement...

ELMIRE

Je le prends bien aussi,
Et crois que mon salut vous donne ce souci.

TARTUFFE, *prenant la main d'Elmire,*
et lui serrant les doigts

Oui, madame, sans doute ; et ma ferveur est telle...

ELMIRE

Ouf ! vous me serrez trop.

TARTUFFE

C'est par excès de zèle.
De vous faire aucun mal je n'eus jamais dessein,
Et j'aurais bien plutôt...
(il met la main sur les genoux d'Elmire)

ELMIRE

Que fait là votre main ?

TARTUFFE

Je tâte votre habit : l'étoffe en est moelleuse.

ELMIRE

Ah ! de grâce, laissez, je suis fort chatouilleuse.
(Elmire recule son fauteuil, et Tartuffe se rapproche d'elle)

TARTUFFE, *maniant le fichu d'Elmire*

Mon Dieu ! que de ce point l'ouvrage est merveilleux !
On travaille aujourd'hui d'un air miraculeux ;
Jamais, en toute chose, on n'a vu si bien faire.

ELMIRE

Il est vrai. Mais parlons un peu de notre affaire.
On tient que mon mari veut dégager sa foi,
Et vous donner sa fille. Est-il vrai ? dites-moi.

TARTUFFE

Il m'en a dit deux mots ; mais, madame, à vrai dire,
Ce n'est pas le bonheur après quoi je soupire ;
Et je vois autre part les merveilleux attraits
De la félicité qui fait tous mes souhaits.

ELMIRE

C'est que vous n'aimez rien des choses de la terre.

TARTUFFE

Mon sein n'enferme pas un cœur qui soit de pierre.

ELMIRE

Pour moi, je crois qu'au ciel tendent tous vos
soupirs,
Et que rien ici-bas n'arrête vos désirs.

TARTUFFE

L'amour qui nous attache aux beautés
éternelles
N'étouffe pas en nous l'amour des temporelles :
Nos sens facilement peuvent être charmés
Des ouvrages parfaits que le ciel a formés.
Ses attraits réfléchis brillent dans vos pareilles ;
Mais il étale en vous ses plus rares merveilles ;
Il a sur votre face épanché des beautés
Dont les yeux sont surpris et les cœurs
transportés,
Et je n'ai pu vous voir, parfaite créature,
Sans admirer en vous l'auteur de la nature,
Et d'une ardente amour sentir mon cœur
atteint,
Au plus beau des portraits où lui-même il s'est
peint.
D'abord j'appréhendai que cette ardeur secrète
Ne fût du noir esprit une surprise adroite ;
Et même à fuir vos yeux mon cœur se résolut,
Vous croyant un obstacle à faire mon salut.
Mais enfin je connus, ô beauté tout aimable,
Que cette passion peut n'être point coupable ;

Que je puis l'ajuster avecque la pudeur ;
Et c'est ce qui m'y fait abandonner mon cœur.
Ce m'est, je le confesse, une audace bien grande
Que d'oser de ce cœur vous adresser
l'offrande ;
Mais j'attends en mes vœux tout de votre bonté,
Et rien des vains efforts de mon infirmité.
En vous est mon espoir, mon bien, ma
quiétude ;
De vous dépend ma peine ou ma béatitude ;
Et je vais être enfin, par votre seul arrêt,
Heureux si vous voulez ; malheureux s'il vous
plaît.

ELMIRE

La déclaration est tout à fait galante ;
Mais elle est, à vrai dire, un peu bien
surprenante.
Vous deviez, ce me semble, armer mieux votre
sein,
Et raisonner un peu sur un pareil dessein.
Un dévot comme vous, et que partout on
nomme...

TARTUFFE

Ah ! pour être dévot, je n'en suis pas moins
homme :
Et, lorsqu'on vient à voir vos célestes appas,
Un cœur se laisse prendre et ne raisonne pas.

Je sais qu'un tel discours de moi paraît étrange ;
Mais, madame, après tout, je ne suis pas un
ange ;
Et si vous condamnez l'aveu que je vous fais,
Vous devez vous en prendre à vos charmants
attraits.
Dès que j'en vis briller la splendeur plus
qu'humaine,
De mon intérieur vous fûtes souveraine ;
De vos regards divins l'ineffable douceur
Força la résistance où s'obstinait mon cœur ;
Elle surmonta tout, jeûnes, prières, larmes,
Et tourna tous les vœux du côté de vos charmes.
Mes yeux et mes soupirs vous l'on dit mille fois ;
Et, pour mieux m'expliquer, j'emploie ici la
voix.
Que si vous contemplez d'une âme un peu
bénigne
Les tribulations de votre esclave indigne ;
S'il faut que vos bontés veuillent me consoler,
Et jusqu'à mon néant daignent se ravaler,
J'aurais toujours pour vous, ô suave merveille,
Une dévotion à nulle autre pareille.
Votre honneur avec moi ne court point de
hasard
Et n'a nulle disgrâce à craindre de ma part.
Tous ces galands de cour, dont les femmes sont
folles,

Sont bruyants dans leurs faits et vains dans leurs
paroles ;
De leurs progrès sans cesse on les voit se
targuer,
Ils n'ont point de faveurs qu'ils n'aillent
divulguer ;
Et leur langue indiscrète, en qui l'on se confie,
Déshonore l'autel où leur cœur sacrifie.
Mais les gens comme nous brûlent d'un feu
discret,
Avec qui, pour toujours, on est sûr du secret.
Le soin que nous prenons de notre renommée
Répond de toute chose à la personne aimée ;
Et c'est en nous qu'on trouve, acceptant notre
cœur,
De l'amour sans scandale et du plaisir sans
peur.

ELMIRE

Je vous écoute dire, et votre rhétorique
En termes assez forts à mon âme s'explique.
N'appréhendez-vous point que je ne sois
d'humeur
A dire à mon mari cette galante ardeur,
Et que le prompt avis d'un amour de la sorte
Ne pût bien altérer l'amitié qu'il vous porte ?

TARTUFFE

Je sais que vous avez trop de bénignité,

Et que vous ferez grâce à ma témérité ;
Que vous m'excuserez, sur l'humaine faiblesse,
Des violents transports d'un amour qui vous
blesse,
Et considérez, en regardant votre air,
Que l'on n'est pas aveugle, et qu'un homme
est de chair.

ELMIRE

D'autres prendraient cela d'autre façon peut-
être ;
Mais ma discrétion se veut faire paraître.
Je ne redirai point l'affaire à mon époux ;
Mais je veux en revanche une chose de vous :
C'est de presser tout franc, et sans nulle
chicane,
L'union de Valère avecque Mariane,
De renoncer vous-même à l'injuste pouvoir
Qui veut du bien d'un autre enrichir votre
espoir ;
Et...

SCÈNE IV

ELMIRE, DAMIS, TARTUFFE

DAMIS, sortant du cabinet où il s'était retiré

Non madame, non ; ceci doit se répandre.

J'étais en cet endroit d'où j'ai pu tout entendre ;
Et la bonté du ciel m'y semble avoir conduit
Pour confondre l'orgueil d'un traître qui me nuit,
Pour m'ouvrir une voie à prendre la vengeance
De son hypocrisie et de son insolence,
A détromper mon père, et lui mettre en plein jour
L'âme d'un scélérat qui vous parle d'amour.

ELMIRE

Non, Damis ; il suffit qu'il se rende plus sage,
Et tâche à mériter la grâce où je m'engage.
Puisque je l'ai promis, ne m'en dédites pas.
Ce n'est point mon humeur de faire des éclats ;
Une femme se rit de sottises pareilles,
Et jamais d'un mari n'en trouble les oreilles.

DAMIS

Vous avez vos raisons pour en user ainsi,
Et pour faire autrement j'ai les miennes aussi.
Le vouloir épargner est une raillerie ;
Et l'insolent orgueil de sa cagoterie
N'a triomphé que trop de mon juste courroux,
Et que trop excité de désordre chez nous.
Le fourbe trop longtemps a gouverné mon père,
Et desservi mes feux avec ceux de Valère ;
Il faut que du perfide il soit désabusé
Et le ciel pour cela m'offre un moyen aisé.

De cette occasion je lui suis redevable,
Et, pour la négliger, elle est trop favorable ;
Ce serait mériter qu'il me la vînt ravir,
Que de l'avoir en main et ne m'en pas servir.

ELMIRE

Damis...

DAMIS

Non, s'il vous plaît, il faut que je me croie.
Mon âme est maintenant au comble de sa joie ;
Et vos discours en vain prétendent m'obliger
A quitter le plaisir de me pouvoir venger.
Sans aller plus avant, je vais vider l'affaire ;
Et voici justement de quoi me satisfaire.

SCÈNE V

ORGON, ELMIRE, DAMIS, TARTUFFE

DAMIS

Nous allons régaler, mon père, votre abord
D'un incident tout frais qui vous surprendra
fort.
Vous êtes bien payé de toutes vos caresses,
Et monsieur d'un beau prix reconnaît vos
tendresses.

Son grand zèle pour vous vient de se déclarer ;
Il ne va pas à moins qu'à vous déshonorer ;
Et je l'ai surpris là qui faisait à madame
L'injurieux aveu d'une coupable flamme.
Elle est d'une humeur douce, et son cœur trop
discret
Voulait à toute force en garder le secret ;
Mais je ne puis flatter une telle impudence,
Et crois que vous la taire est vous faire une
offense.

ELMIRE

Oui, je tiens que jamais de tous ces vains propos
On ne doit d'un mari traverser le repos ;
Que ce n'est point de là que l'honneur peut
dépendre,
Et qu'il suffit pour nous de savoir nous
défendre.
Ce sont mes sentiments ; et vous n'auriez rien
dit,
Damis, si j'avais eu sur vous quelque crédit.

SCÈNE VI

ORGON, DAMIS, TARTUFFE

ORGON

Ce que je viens d'entendre, ô ciel ! est-il
croyable ?

TARTUFFE

Oui, mon frère, je suis un méchant, un
coupable,
Un malheureux pêcheur, tout plein d'iniquité,
Le plus grand scélérat qui jamais ait été.
Chaque instant de ma vie est chargé de
souillures ;
Elle n'est qu'un amas de crimes et d'ordures ;
Et je vois que le ciel, pour ma punition,
Me veut mortifier en cette occasion.
De quelque grand forfait qu'on me puisse
reprendre,
Je n'ai garde d'avoir l'orgueil de m'en défendre.
Croyez ce qu'on vous dit, armez votre courroux,
Et comme un criminel chassez-moi de chez
vous ;
Je ne saurais avoir tant de honte en partage,
Que je n'en aie encor mérité davantage.

ORGON, *à son fils*

Ah ! traître, oses-tu bien, par cette fausseté,
Vouloir de sa vertu ternir la pureté ?

DAMIS

Quoi ! la feinte douceur de cette âme hypocrite
Vous fera démentir...

ORGON

Tais-toi, peste maudite !

TARTUFFE

Ah ! laissez-le parler ; vous l'accusez à tort,
Et vous feriez bien mieux de croire à son
rapport.
Pourquoi sur un tel fait m'être si favorable ?
Savez-vous, après tout, de quoi je suis capable ?
Vous fiez-vous, mon frère, à mon extérieur ?
Et, pour tout ce qu'on voit, me croyez-vous
meilleur ?
Non, non : vous vous laissez tromper à
l'apparence ;
Et je ne suis rien moins, hélas ! que ce qu'on
pense.
Tout le monde me prend pour un homme de
bien ;
Mais la vérité pure est que je ne vaux rien.
     (*s'adressant à Damis*)

Oui, mon cher fils, parlez ; traitez-moi de
perfide,
D'infâme, de perdu, de voleur, d'homicide ;
Accablez-moi de noms encor plus détestés :
Je n'y contredis point, je les ais mérités ;
Et j'en veux à genoux souffrir l'ignominie,
Comme une honte due aux crimes de ma vie.

ORGON

(à Tartuffe)   (à son fils)
Mon frère, c'en est trop. Ton cœur ne se rend
point,
Traître !

DAMIS

Quoi ! ses discours vous séduiront au point...

ORGON

(relevant Tartuffe)
Tais-toi, pendard ! Mon frère, hé ! levez-vous
de grâce.
(à son fils)
Infâme !

DAMIS

Il peut...

ORGON

Tais-toi.

DAMIS

J'enrage. Quoi ! je passe...

ORGON

Si tu dis un seul mot, je te romprai les bras.

TARTUFFE

Mon frère, au nom de Dieu, ne vous emportez
pas !
J'aimerais mieux souffrir la peine la plus dure,
Qu'il eût reçu pour moi la moindre égratignure.

ORGON, *à son fils*

Ingrat !

TARTUFFE

Laissez-le en paix. S'il faut à deux genoux
Vous demander sa grâce...

ORGON, *se jetant aussi à genoux, et embrassant Tartuffe*

Hélas ! vous moquez-vous ?
(à son fils)
Coquin ! vois sa bonté !

DAMIS

Donc...

ORGON

Paix !

DAMIS

Quoi ! je...

ORGON

Paix, dis-je :

Je sais bien quel motif à l'attaquer t'oblige,
Vous le haïssez tous, et je vois aujourd'hui
Femme, enfants et valets déchaînés contre lui.
On met impudemment toute chose en usage
Pour ôter de chez moi ce dévot personnage :
Mais plus on fait d'efforts afin de l'en bannir,
Plus j'en veux employer à l'y mieux retenir ;
Et je vais me hâter de lui donner ma fille,
Pour confondre l'orgueil de toute ma famille.

DAMIS

A recevoir sa main on pense l'obliger ?

ORGON

Oui, traître, et dès ce soir, pour vous faire
enrager.
Ah ! je vous brave tous, et vous ferai connaître
Qu'il faut qu'on m'obéisse, et que je suis le
maître.
Allons, qu'on se rétracte, et qu'à l'instant,
fripon,
On se jette à ses pieds pur demander pardon.

DAMIS

Qui ? moi ! de ce coquin, qui par ses
impostures...

ORGON

Ah ! tu résistes, gueux, et lui dis des injures !
  (à Tartuffe)

Un bâton ! un bâton ! Ne me retenez pas.
  (*à son fils*)
Sus ! que de ma maison on sorte de ce pas,
Et que d'y revenir on n'ait jamais l'audace.

DAMIS

Oui, je sortirai, mais...

ORGON

Vite, quittons la place.
Je te prive, pendard, de ma succession,
Et te donne, de plus, ma malédiction !

SCÈNE VII

ORGON, TARTUFFE

ORGON

Offenser de la sorte une sainte personne !

TARTUFFE

O ciel ! pardonne-lui la douleur qu'il me
donne !
  (*à Orgon*)
Si vous pouviez savoir avec quel déplaisir
Je vois qu'envers mon frère on tâche à me
noircir...

ORGON

Hélas !

TARTUFFE

Le seule penser de cette ingratitude
Fait souffrir à mon âme un supplice si rude...
L'horreur que j'en conçois... j'ai le cœur si serré
Que je ne puis parler, et crois que j'en mourrai.

ORGON, *courant tout en larmes à la porte*
par où il a chassé son fils

Coquin ! je me repens que ma main t'ait fait grâce,
Et ne t'ait pas d'abord assommé sur la place.
    (à Tartuffe)
Remettez-vous, mon frère, et ne vous fâchez pas.

TARTUFFE

Rompons, rompons le cours de ces fâcheux débats.
Je regarde céans quels grands troubles j'apporte,
Et crois qu'il est besoin, mon frère, que j'en sorte.

ORGON

Comment ! vous moquez-vous ?

TARTUFFE

On m'y hait, et je vois

Qu'on cherche à vous donner des soupçons de
ma foi.

ORGON

Qu'importe ? Voyez-vous que mon cœur les
écoute ?

TARTUFFE

On ne manquera pas de poursuivre, sans doute :
Et ces mêmes rapports qu'ici vous rejetez
Peut-être une autre fois seront-ils écoutés.

ORGON

Non, mon frère, jamais.

TARTUFFE

Ah ! mon frère, une femme
Aisément d'un mari peut bien surprendre
l'âme.

ORGON

Non, non.

TARTUFFE

Laissez-moi vite, en m'éloignant d'ici.
Leur ôter tout sujet de m'attaquer ainsi.

ORGON

Non, vous demeurez, il y va de ma vie.

TARTUFFE

Eh bien ! il faudra donc que je me mortifie.
Pourtant, si vous vouliez...

ORGON

Ah !

TARTUFFE

Soit ; n'en parlons plus.
Mais je sais comme il faut en user là-dessus.
L'honneur est délicat, et l'amitié m'engage
A prévenir les bruits et les sujets d'ombrage.
Je fuirai votre épouse, et vous ne me verrez...

ORGON

Non, en dépit de tous vous la fréquenterez.
Faire enrager le monde est ma plus grande joie ;
Et je veux qu'à toute heure avec elle on vous
voie.
Ce n'est pas tout encor : pour les mieux braver
tous,
Je ne veux point avoir d'autre héritier que vous,
Et je vais de ce pas, en fort bonne manière,
Vous faire de mon bien donation entière.
Un bon et franc ami que pour gendre je prends,
M'est bien plus cher que fils, que femme, et que
parents.
N'accepterez-vous pas ce que je vous propose ?

TARTUFFE

La volonté du ciel soit faite en toute chose !

ORGON

Le pauvre homme ! Allons vite en dresser un
écrit
Et que puisse l'envie en crever de dépit !

« Couvrez ce sein que je ne saurais voir »

Acte
quatrième

SCÈNE I

CLÉANTE, TARTUFFE

CLÉANTE

Oui, tout le monde en parle, et vous m'en
pouvez croire :
L'éclat que fait ce bruit n'est point à votre
gloire ;
Et je vous ai trouvé, monsieur, fort à propos
Pour vous en dire net ma pensée en deux mots.
Je n'examine point à fond ce qu'on expose ;
Je passe là-dessus, et prends au pis la chose.
Supposons que Damis n'en ait pas bien usé,
Et que ce soit à tort qu'on vous ait accusé :
N'est-il pas d'un chrétien de pardonner
l'offense,
Et d'éteindre en son cœur tout désir de
vengeance ?

Et devez-vous souffrir, pour votre démêlé,
Que du logis d'un père un fils soit exilé ?
Je vous le dis encore, et parle avec franchise,
Il n'est petit ni grand qui ne s'en scandalise ;
Et, si vous m'en croyez, vous pacifierez tout,
Et ne pousserez point les affaires à bout.
Sacrifiez à Dieu toute votre colère,
Et remettez le fils en grâce avec le père.

TARTUFFE

Hélas ! je le voudrais, quant à moi, de bon
cœur ;
Je ne garde pour lui, monsieur, aucune aigreur ;
Je lui pardonne tout ; de rien je ne le blâme,
Et voudrais le servir du meilleur de mon âme ;
Mais l'intérêt du ciel n'y saurait consentir ;
Et, s'il rentre céans, c'est à moi d'en sortir :
Après son action, qui n'eut jamais d'égale,
Le commerce entre nous porterait du scandale :
Dieu sait ce que d'abord tout le monde en
croirait !
A pure politique on me l'imputerait ;
Et l'on dirait partout que, me sentant coupable,
Je feins pour qui m'accuse un zèle charitable ;
Que mon cœur l'appréhende, et veut le
ménager
Pour le pouvoir, sous main, au silence engager.

CLÉANTE

Vous nous payez ici d'excuses colorées,

Et toutes vos raisons, monsieur, sont trop
tirées.
Des intérêts du ciel pourquoi vous chargez-
vous ?
Pour punir le coupable a-t-il besoin de nous ?
Laissez-lui, laissez-lui le soin de ses
vengeances ;
Ne songez qu'au pardon qu'il prescrit des
offenses,
Et ne regardez point aux jugements humains,
Quand vous suivez du ciel les ordres souverains.
Quoi ! le faible intérêt de ce qu'on pourra croire
D'une bonne action empêchera la gloire !
Non, non ; faisons toujours ce que le ciel
prescrit,
Et d'aucun autre soin ne nous brouillons
l'esprit.

TARTUFFE

Je vous ai déjà dit que mon cœur lui pardonne ;
Et c'est faire, monsieur, ce que le ciel ordonne :
Mais après le scandale et l'affront d'aujourd'hui,
Le ciel n'ordonne pas que je vive avec lui.

CLÉANTE

Et vous ordonne-t-il, monsieur, d'ouvrir
l'oreille
A ce qu'un pur caprice à son père conseille,
Et d'accepter le don qui vous est fait d'un bien
Où le droit vous oblige à ne prétendre rien ?

TARTUFFE

Ceux qui me connaîtront n'auront pas la pensée
Que ce soit un effet d'une âme intéressée.
Tous les biens de ce monde ont pour moi peut
d'appas,
De leur éclat trompeur je ne m'éblouis pas ;
Et si je me résous à recevoir du père
Cette donation qu'il a voulu me faire,
Ce n'est, à vrai dire, que parce que je crains
Que tout ce bien ne tombe en de méchantes
mains ;
Qu'il ne trouve des gens qui, l'ayant en partage,
En fassent dans le monde un criminel usage,
Et ne s'en servent pas, ainsi que j'ai dessein,
Pour la gloire du ciel et le bien du prochain.

CLÉANTE

Hé ! monsieur, n'ayez point ces délicates
craintes,
Qui d'un juste héritier peuvent causer les
plaintes.
Souffrez, sans vous vouloir embarrasser de rien,
Qu'il soit, à ses périls, possesseur de son bien ;
Et songez qu'il vaut mieux encor qu'il en
mésuse,
Que si de l'en frustrer il faut qu'on vous accuse.
J'admire seulement que sans confusion
Vous en ayez souffert la proposition.

Car enfin le vrai zèle a-t-il quelque maxime
Qui montre à dépouiller l'héritier légitime ?
Et, s'il faut que le ciel dans votre cœur ait mis
Un invincible obstacle à vivre avec Damis,
Ne vaudrait-il pas mieux qu'en personne
discrète
Vous fissiez de céans une honnête retraite,
Que de souffrir ainsi, contre toute raison,
Qu'on ne chasse pour vous le fils de la maison ?
Croyez-moi, c'est donner de votre prud'homie,
Monsieur...

TARTUFFE

Il est, monsieur, trois heures et demie :
Certain devoir pieux me demande là-haut.
Et vous m'excuserez de vous quitter si tôt.

CLÉANTE, *seul*

Ah !

SCÈNE II

ELMIRE, MARIANE, CLÉANTE, DORINE

DORINE, *à Cléante*

De grâce, avec nous employez-vous pour elle,
Monsieur : son âme souffre une douleur
mortelle ;

Et l'accord que son père a conclu pour ce soir
La fait à tous moments entrer en désespoir.
Il va venir. Joignons nos efforts, je vous prie,
Et tâchons d'ébranler, de force ou d'industrie,
Ce malheureux dessein qui nous a tous
troublés.

SCÈNE III

ORGON, ELMIRE, MARIANE, CLÉANTE, DORINE

ORGON

Ah ! je me réjouis de vous voir assemblés.

(à Mariane)

Je porte en ce contrat de quoi vous faire rire,
Et vous savez déjà ce que cela veut dire.

MARIANE, aux genoux d'Orgon

Mon père, au nom du ciel qui connaît ma
douleur,
Et par tout ce qui peut émouvoir votre cœur,
Relâchez-vous un peu des droits de la
naissance,
Et dispensez mes vœux de cette obéissance.
Ne me réduisez point, par cette dure loi,
Jusqu'à me plaindre au ciel de ce que je vous
dois ;

Et cette vie, hélas ! que vous m'avez donnée,
Ne me la rendez pas, mon père, infortunée.
Si, contre un doux espoir que j'avais pu former,
Vous me défendez d'être à ce que j'ose aimer,
Au moins, par vos bontés qu'à vos genoux
j'implore,
Sauvez-moi du tourment d'être à ce que
j'abhorre ;
Et ne me portez point à quelque désespoir,
En vous servant sur moi de tout votre pouvoir.

ORGON, *se sentant attendrir*

Allons, ferme, mon cœur ! point de faiblesse
humaine !

MARIANE

Vos tendresses pour lui ne me font point de
peine ;
Faites-les éclater, donnez-lui votre bien,
Et, si ce n'est assez, joignez-y tout le mien ;
J'y consens de bon cœur, et je vous
l'abandonne :
Mais, au moins, n'allez pas jusques à ma
personne ;
Et souffrez qu'un couvent, dans les austérités,
Use les tristes jours que le ciel m'a comptés.

ORGON

Ah ! voilà justement de mes religieuses,

Lorsqu'un père combat leurs flammes amou-
reuses !
Debout ! Plus votre cœur répugne à l'accepter,
Plus ce sera pour vous matière à mériter.
Mortifiez vos sens avec ce mariage,
Et ne me rompez pas la tête davantage.

DORINE

Mais quoi !...

ORGON

Taisez-vous, vous ; Parlez à votre écot.
Je vous défends, tout net, d'oser dire un seul
mot.

CLÉANTE

Si par quelque conseil vous souffrez qu'on
réponde...

ORGON

Mon frère, vos conseils sont les meilleurs du
monde ;
Ils sont bien raisonnés, et j'en fais un grand cas :
Mais vous trouverez bon que j'en use pas.

ELMIRE, à Orgon

A voir ce que je vois, je ne sais plus que dire ;
Et votre aveuglement fait que je vous admire.
C'est être bien coiffé, bien prévenu de lui,
Que de nous démentir sur le fait d'aujourd'hui !

ORGON

Je suis votre valet, et crois les apparences.
Pour mon fripon de fils je sais vos
complaisances,
Et vous avez eu peur de le désavouer
Du trait qu'à ce pauvre homme il a voulu jouer.
Vous étiez trop tranquille, enfin, pour être
crue ;
Et vous auriez paru d'autre manière émue.

ELMIRE

Est-ce qu'au simple aveu d'un amoureux
transport
Il faut que notre honneur se gendarme si fort ?
Et ne peut-on répondre à tout ce qui le touche,
Que le feu dans les yeux et l'injure à la bouche ?
Pour moi, de tels propos je me ris simplement ;
Et l'éclat, là-dessus, ne me plaît nullement.
J'aime qu'avec douceur nous nous montrions
sages,
Et ne suis point du tout pour ces prudes sauvages
Dont l'honneur est armé de griffes et de dents,
Et veut au moindre mot dévisager les gens.
Me préserve le ciel d'une telle sagesse !
Je veux une vertu qui ne soit point diablesse,
Et crois que d'un refus la discrète froideur
N'en est pas moins puissante à rebuter un cœur.

ORGON

Enfin je sais l'affaire, et ne prends point le change.

ELMIRE

J'admire, encore un coup, cette faiblesse étrange :
Mais que me répondrait votre incrédulité
Si je vous faisais voir qu'on vous dit vérité ?

ORGON

Voir !

ELMIRE

Oui.

ORGON

Chansons.

ELMIRE

Mais quoi ! si je trouvais manière
De vous le faire voir avec pleine lumière ?...

ORGON

Contes en l'air.

ELMIRE

Quel homme ! Au moins, répondez-moi.
Je ne vous parle pas de nous ajouter foi ;
Mais supposons ici que, d'un lieu qu'on peut prendre,

On vous fît clairement tout voir et tout
entendre :
Que diriez-vous alors de votre homme de bien ?

ORGON

En ce cas, je dirais que... Je ne dirais rien,
Car cela ne se peut.

ELMIRE

L'erreur trop longtemps dure,
Et c'est trop condamner ma bouche
d'imposture.
Il faut que, par plaisir, et sans aller plus loin,
De tout ce qu'on vous dit je vous fasse témoin.

ORGON

Soit. Je vous prends au mot. Nous verrons votre
adresse,
Et comment vous pourrez remplir cette
promesse.

ELMIRE, *à Dorine*

Faites-le moi venir.

DORINE, *à Elmire*

Son esprit est rusé,
Et peut-être à surprendre il sera malaisé.

ELMIRE, *à Dorine*

Non ; on est aisément dupé par ce qu'on aime.

Et l'amour-propre engage à se tromper soi-
même.

    (à Cléante et à Mariane)

Faites-le moi descendre ! Et vous, retirez-vous.

SCÈNE IV

ELMIRE, ORGON

ELMIRE

Approchons cette table, et vous mettez dessous.

ORGON

Comment ?

ELMIRE

Vous bien cacher est un point nécessaire.

ORGON

Pourquoi sous cette table ?

ELMIRE

Ah ! mon Dieu ! laissez faire ;
J'ai mon dessein en tête, et vous en jugerez.
Mettez-vous là, vous dis-je, et, quand vous y
serez,
Gardez qu'on ne vous voie et qu'on ne vous
entende.

ORGON

Je confesse qu'ici ma complaisance est grande :
Mais de votre entreprise il vous faut voir sortir.

ELMIRE

Vous n'aurez, que je crois, rien à me repartir.
(à Orgon, qui est sous la table)
Au moins, je vais toucher une étrange matière,
Ne vous scandalisez en aucune manière.
Quoi que je puisse dire, il doit m'être permis ;
Et c'est pour vous convaincre, ainsi que j'ai
promis.
Je vais par des douceurs, puisque j'y suis
réduite,
Faire poser le masque à cette âme hypocrite,
Flatter de son amour les désirs effrontés,
Et donner un champ libre à ses témérités.
Comme c'est pour vous seul, et pour mieux le
confondre,
Que mon âme à ses vœux va feindre de
répondre,
J'aurai lieu de cesser dès que vous vous rendrez,
Et les choses n'iront que jusqu'où vous voudrez.
C'est à vous d'arrêter son ardeur insensée
Quand vous croirez l'affaire assez avant
poussée,
D'épargner votre femme, et de ne m'exposer
Qu'à ce qu'il vous faudra pour vous désabuser.

Ce sont vos intérêts, vous en serez le maître,
Et... L'on vient. Tenez-vous, et gardez de
paraître.

SCÈNE V

TARTUFFE, ELMIRE, ORGON, *sous la table*

TARTUFFE
On m'a dit qu'en ce lieu vous me vouliez parler.

ELMIRE
Oui. L'on a des secrets à vous y révéler.
Mais tirez cette porte avant qu'on vous les dise,
Et regardez partout de crainte de surprise.
    (Tartuffe va fermer la porte, et revient)
Une affaire pareille à celle de tantôt
N'est pas assurément ici ce qu'il nous faut :
Jamais il ne s'est vu de surprise de même.
Damis m'a fait pour vous une frayeur extrême ;
Et vous avez bien vu que j'ai fait mes efforts
Pour rompre son dessein et calmer ses
transports.
Mon trouble, il est bien vrai, m'a si fort
possédée,
Que de le démentir je n'ai point eu l'idée ;

Mais par là, grâce au ciel, tout a bien mieux
été,
Et les choses en sont en plus de sûreté.
L'estime où l'on vous tient a dissipé l'orage,
Et mon mari de vous ne peut prendre
d'ombrage.
Pour mieux braver l'éclat des mauvais
jugements,
Il veut que nous soyons ensemble à tous
moments ;
Et c'est par où je puis, sans peur d'être blâmée,
Me trouver ici seule avec vous enfermée,
Et ce qui m'autorise à vous ouvrir un cœur
Un peu trop prompt peut-être à souffrir votre
ardeur.

TARTUFFE

Ce langage à comprendre est assez difficile,
Madame ; et vous parliez tantôt d'un autre style.

ELMIRE

Ah ! si d'un tel refus vous êtes en courroux,
Que le cœur d'une femme est mal connu de
vous !
Et que vous savez peu ce qu'il veut faire
entendre
Lorsque si faiblement on le voit se défendre !
Toujours notre pudeur combat, dans ces
moments,

Ce qu'on peut nous donner de tendres
sentiments.
Quelque raison qu'on trouve à l'amour qui nous
dompte,
On trouve à l'avouer toujours un peu de honte.
On s'en défend d'abord ; mais de l'air qu'on
s'y prend
On fait connaître assez que notre cœur se rend ;
Qu'à nos vœux, par honneur, notre bouche
s'oppose,
Et que de tels refus promettent toute chose.
C'est vous faire, sans doute, un assez libre aveu,
Et sur notre pudeur me ménager bien peu.
Mais puisque la parole enfin en est lâchée,
À retenir Damis me serais-je attachée,
Aurais-je, je vous prie, avec tant de douceur
Écouté tout au long l'offre de votre cœur,
Aurais-je pris la chose ainsi qu'on m'a vu faire,
Si l'offre de ce cœur n'eût eu de quoi me plaire ?
Et, lorsque j'ai voulu moi-même vous forcer
À refuser l'hymen qu'on venait d'annoncer,
Qu'est-ce que cette instance a dû vous faire
entendre,
Que l'intérêt qu'en vous on s'avise de prendre,
Et l'ennui qu'on aurait que ce nœud qu'on
résout
Vînt partager du moins un cœur que l'on veut
tout ?

TARTUFFE

C'est sans doute, madame, une douceur
extrême
Que d'entendre ces mots d'une bouche qu'on
aime ;
Leur miel dans tous mes sens fait couler à longs
traits
Une suavité qu'on ne goûta jamais.
Le bonheur de vous plaire est ma suprême
étude,
Et mon cœur de vos vœux fait sa béatitude ;
Mais ce cœur vous demande ici la liberté
D'oser douter un peu de sa félicité.
Je puis croire ces mots un artifice honnête
Pour m'obliger à rompre un hymen qui
s'apprête ;
Et, s'il faut librement m'expliquer avec vous,
Je ne me fîrai point à des propos si doux,
Qu'un peu de vos faveurs, après quoi je soupire,
Ne vienne m'assurer tout ce qu'ils m'ont pu
dire,
Et planter dans mon âme une constante foi
Des charmantes bontés que vous avez pour moi.

ELMIRE, *après avoir toussé pour avertir son mari*
Quoi ! vous voulez aller avec cette vitesse,
Et d'un cœur tout d'abord épuiser la
tendresse ?

On se tue à vous faire un aveu des plus doux ;
Cependant ce n'est pas encore assez pour
vous ?
Et l'on ne peut aller jusqu'à vous satisfaire,
Qu'aux dernières faveurs on ne pousse
l'affaire ?

TARTUFFE

Moins on mérite un bien, moins on l'ose
espérer.
Nos vœux sur des discours ont peine à
s'assurer.
On soupçonne aisément un sort tout plein de
gloire
Et l'on veut en jouir avant que de le croire.
Pour moi, qui crois si peu mériter vos bontés,
Je doute du bonheur de mes témérités ;
Et je ne croirai rien, que vous n'ayez, madame,
Par des réalités, su convaincre ma flamme.

ELMIRE

Mon Dieu ! que votre amour en vrai tyran agit !
Et qu'en un trouble étrange il me jette l'esprit !
Que sur les cœurs il prend un furieux empire !
Et qu'avec violence il veut ce qu'il désire !
Quoi ! de votre poursuite on ne peut se parer,
Et vous ne donnez pas le temps de respirer ?
Sied-il bien de tenir une rigueur si grande,

De vouloir sans quartier les choses qu'on
demande,
Et d'abuser ainsi, par vos efforts pressants,
Du faible que pour vous vous voyez qu'ont les
gens ?

TARTUFFE

Mais si d'un œil bénin vous voyez mes
hommages,
Pourquoi m'en refuser d'assurés témoignages ?

ELMIRE

Mais comment consentir à ce que vous voulez,
Sans offenser le ciel dont toujours vous parlez ?

TARTUFFE

Si ce n'est que le ciel qu'à mes vœux on oppose,
Lever un tel obstacle est à moi peu de chose ;
Et cela ne doit pas retenir votre cœur.

ELMIRE

Mais des arrêts du ciel on nous fait tant de
peur !

TARTUFFE

Je puis vous dissiper ces craintes ridicules,
Madame, et je sais l'art de lever les scrupules.
Le ciel défend, de vrai, certains contentements,
Mais on trouve avec lui des accommodements.
Selon divers besoins, il est une science

D'étendre les liens de notre conscience,
Et de rectifier le mal de l'action
Avec la pureté de notre intention.
De ces secrets, madame, on saura vous instruire ;
Vous n'avez seulement qu'à vous laisser conduire.
Contentez mon désir, et n'ayez point d'effroi ;
Je vous réponds de tout, et prends le mal sur moi.

(Elmire tousse plus fort)
Vous toussez fort, madame.

ELMIRE

Oui, je suis au supplice.

TARTUFFE

Vous plaît-il un morceau de ce jus de réglisse ?

ELMIRE

C'est un rhume obstiné, sans doute ; et je vois bien
Que tous les jus du monde ici ne feront rien.

TARTUFFE

Cela, certes, est fâcheux.

ELMIRE

Oui, plus qu'on ne peut dire.

TARTUFFE

Enfin votre scrupule est facile à détruire.

Vous êtes assurée ici d'un plein secret,
Et le mal n'est jamais que dans l'éclat qu'on fait.
Le scandale du monde est ce qui fait l'offense,
Et ce n'est pas pécher que pécher en silence.

ELMIRE
après avoir encore toussé et frappé sur la table

Enfin je vois qu'il faut se résoudre à céder ;
Qu'il faut que je consente à vous tout accorder ;
Et qu'à moins de cela je ne dois point prétendre
Qu'on puisse être content, et qu'on veuille se
rendre.
Sans doute il est fâcheux d'en venir jusque-là,
Et c'est bien malgré moi que je franchis cela ;
Mais puisque l'on s'obstine à m'y vouloir
réduire,
Puisqu'on ne veut point croire à tout ce qu'on
peut dire,
Et qu'on veut des témoins qui soient plus
convaincants,
Il faut bien s'y résoudre et contenter les gens.
Si ce contentement porte en soi quelque
offense,
Tant pis pour qui me force à cette violence :
La faute assurément n'en doit pas être à moi.

TARTUFFE
Oui, madame, on s'en charge ; et la chose de
soi...

ELMIRE

Ouvrez un peu la porte, et voyez, je vous prie,
Si mon mari n'est point dans cette galerie.

TARTUFFE

Qu'est-il besoin pour lui du soin que vous
prenez ?
C'est un homme, entre nous, à mener par le
nez.
De tous nos entretiens il est pour faire gloire,
Et je l'ai mis au point de voir tout sans rien
croire.

ELMIRE

Il n'importe. Sortez, je vous prie, un moment ;
Et partout là dehors voyez exactement.

SCÈNE VI

ORGON, ELMIRE

ORGON, *sortant de dessous la table*

Voilà, je vous l'avoue, un abominable homme !
Je n'en puis revenir, et tout ceci m'assomme.

ELMIRE

Quoi ! vous sortez si tôt ! Vous vous moquez
des gens.

Rentrez sous le tapis, il n'est pas encor temps ;
Attendez jusqu'au bout pour voir les choses sûres
Et ne vous fiez point aux simples conjectures.

ORGON

Non, rien de plus méchant n'est sorti de l'enfer.

ELMIRE

Mon Dieu ! l'on ne doit point croire trop de léger.
Laissez-vous bien convaincre avant que de vous rendre ;
Et ne vous hâtez pas, de peur de vous méprendre.

(Elmire fait mettre Orgon derrière elle)

SCÈNE VII

TARTUFFE, ELMIRE, ORGON

TARTUFFE, *sans voir Orgon*

Tout conspire, madame, à mon contentement.
J'ai visité de l'œil tout cet appartement ;
Personne ne s'y trouve ; et mon âme ravie...

(Dans le temps que Tartuffe s'avance les bras ouverts pour embrasser Elmire, elle se retire, et Tartuffe aperçoit Orgon.)

ORGON, *arrêtant Tartuffe*

Tout doux ! vous suivez trop votre amoureuse
envie,
Et vous ne devez pas vous tant passionner.
Ah ! ah ! l'homme de bien, vous m'en voulez
donner !
Comme aux tentations s'abandonne votre âme !
Vous épousiez ma fille et convoitiez ma femme !
J'ai douté fort longtemps que ce fût tout de bon,
Et je croyais toujours qu'on changerait de ton ;
Mais c'est assez avant pousser le témoignage ;
Je m'y tiens, et n'en veux, pour moi, pas
davantage.

ELMIRE, *à Tartuffe*

C'est contre mon humeur que j'ai fait tout ceci ;
Mais on m'a mise au point de vous traiter ainsi.

TARTUFFE, *à Orgon*

Quoi ! vous croyez ?...

ORGON

Allons, point de bruit, je vous prie.
Dénichons de céans, et sans cérémonie.

TARTUFFE

Mon dessein...

ORGON

Ces discours ne sont plus de saison ;
Il faut, tout sur-le-champ, sortir de la maison.

TARTUFFE

C'est à vous d'en sortir, vous qui parlez en
maître :
La maison m'appartient, je le ferai connaître,
Et vous montrerai bien qu'en vain on a recours,
Pour me chercher querelle, à ces lâches
détours ;
Qu'on n'est pas où l'on pense en me faisant
injure ;
Que j'ai de quoi confondre et punir l'imposture,
Venger le ciel qu'on blesse, et faire repentir
Ceux qui parlent ici de me faire sortir.

SCÈNE VIII

ELMIRE, ORGON

ELMIRE

Quel est donc ce langage ? et qu'est-ce qu'il
veut dire ?

ORGON

Ma foi, je suis confus, et n'ai pas lieu de rire.

ELMIRE

Comment ?

ORGON

Je vois ma faute aux choses qu'il me dit ;
Et la donation m'embarrasse l'esprit.

ELMIRE

La donation !

ORGON

Oui. C'est une affaire faite,
Mais j'ai quelque autre chose encor qui
m'inquiète.

ELMIRE

Et quoi ?

ORGON

Vous saurez tout. Mais voyons au plus tôt
Si certaine cassette est encore là-haut.

Acte cinquième

SCÈNE I

ORGON, CLÉANTE

CLÉANTE

Où voulez-vous courir ?

ORGON

Las ! que sais-je ?

CLÉANTE

Il me semble
Que l'on doit commencer par consulter ensemble
Les choses qu'on peut faire en cet événement.

ORGON

Cette cassette-là me trouble entièrement.
Plus que le reste encore, elle me désespère.

CLÉANTE

Cette cassette est donc un important mystère ?

ORGON

C'est un dépôt qu'Argas, cet ami que je plains,
Lui-même en grand secret m'a mis entre les
mains.
Pour cela dans sa fuite il me voulut élire ;
Et ce sont des paiers, à ce qu'il m'a pu dire,
Où sa vie et ses biens se trouvent attachés.

CLÉANTE

Pourquoi donc les avoir en d'autres mains
lâchés ?

ORGON

Ce fut par un motif de cas de conscience.
J'allai droit à mon traître en faire confidence ;
Et son raisonnement me vint persuader
De lui donner plutôt la cassette à garder,
Afin que pour nier, en cas de quelque enquête,
J'eusse d'un faux-fuyant la faveur toute prête,
Par où ma conscience eût pleine sûreté
À faire des serments contre la vérité.

CLÉANTE

Vous voilà mal, au moins, si j'en crois l'apparence ;
Et la donation, et cette confidence,

Sont, à vous en parler selon mon sentiment,
Des démarches par vous faites légèrement.
On peut vous mener loin avec de pareils gages ;
Et cet homme sur vous ayant ces avantages,
Le pousser est encor grande imprudence à
vous ;
Et vous deviez chercher quelque biais plus
doux.

ORGON

Quoi ! sous un beau semblant de ferveur si
touchante
Cacher un cœur si double, une âme si
méchante !
Et moi qui l'ai reçu guȩusant et n'ayant rien...
C'en est fait, je renonce à tous les gens de bien ;
J'en aurai désormais une horreur effroyable,
Et m'en vais devenir pour eux pire qu'un diable.

CLÉANTE

Eh bien ! ne voilà pas de vos emportements !
Vous ne gardez en rien les doux tempéraments.
Dans la droite raison jamais n'entre la vôtre ;
Et toujours d'un excès vous vous jetez dans
l'autre.
Vous voyez votre erreur, et vous avez connu
Que par un zèle feint vous étiez prévenu ;
Mais pour vous corriger, quelle raison demande

Que vous alliez passer dans une erreur plus
grande,
Et qu'avecque le cœur d'un perfide vaurien
Vous confondiez les cœurs de tous les gens de
bien ?
Quoi ! parce qu'un fripon vous dupe avec
audace,
Sous le pompeux éclat d'une austère grimace,
Vous voulez que partout on soit fait comme lui,
Et qu'aucun vrai devot ne se trouve
aujourd'hui ?
Laissez aux libertins ces sottes conséquences :
Démêlez la vertu d'avec ses apparences,
Ne hasardez jamais votre estime trop tôt,
Et soyez pour cela dans le milieu qu'il faut.
Gardez-vous, s'il se peut, d'honorer
l'imposture ;
Mais au vrai zèle aussi n'allez pas faire injure ;
Et, s'il vous faut tomber dans une extrémité,
Péchez plutôt encor de cet autre côté.

SCÈNE II

ORGON, CLÉANTE, DAMIS

DAMIS

Quoi ! mon père, est-il vrai qu'un coquin vous menace ?
Qu'il n'est point de bienfait qu'en son âme il n'efface, .
Et que son lâche orgueil, trop digne de courroux,
Se fait de vos bontés des armes contre vous ?

ORGON

Oui, mon fils ; et j'en sens des douleurs non pareilles.

DAMIS

Laissez-moi, je lui veux couper les deux oreilles.
Contre son insolence on ne doit point gauchir :
C'est à moi tout d'un coup de vous en affranchir ;
Et pour sortir d'affaire, il faut que je l'assomme.

CLÉANTE

Voilà tout justement parler en vrai jeune homme.

Modérez, s'il vous plaît, ces transports éclatants.
Nous vivons sous un règne, et sommes dans un temps
Où par la violence on fait mal ses affaires.

SCÈNE III

MADAME PERNELLE, ORGON, ELMIRE, CLÉANTE, MARIANE, DAMIS, DORINE

MADAME PERNELLE

Qu'est-ce ? j'apprends ici de terribles mystères.

ORGON

Ce sont des nouveautés dont mes yeux sont témoins,
Et vous voyez le prix dont sont payés mes soins.
Je recueille avec zèle un homme en sa misère,
Je le loge et le tiens comme mon propre frère ;
De bienfaits chaque jour il est par moi chargé ;
Je lui donne ma fille et tout le bien que j'ai :
Et, dans le même temps, le perfide, l'infâme,
Tente le noir dessein de suborner ma femme ;
Et, non content encor de ses lâches essais,
Il m'ose menacer de mes propres bienfaits,

Et veut, à ma ruine, user des avantages
Dont le viennent d'armer mes bontés trop peu
sages,
Me chasser de mes biens où je l'ai transféré,
Et me réduire au point d'où je l'ai retiré !

DORINE

Le pauvre homme !

MADAME PERNELLE

Mon fils, je ne puis du tout croire
Qu'il ait voulu commettre une action si noire.

ORGON

Comment !

MADAME PERNELLE

Les gens de bien sont enviés toujours.

ORGON

Que voulez-vous donc dire avec votre discours,
Ma mère ?

MADAME PERNELLE

Que chez vous on vit d'étrange sorte,
Et qu'on ne sait que trop la haine qu'on lui
porte.

ORGON

Qu'a cette haine à faire avec ce qu'on vous dit ?

MADAME PERNELLE

Je vous l'ai dit cent fois quand vous étiez petit :

La vertu dans le monde est toujours poursuivie,
Les envieux mourront, mais non jamais l'envie.

ORGON

Mais que fait ce discours aux choses
d'aujourd'hui ?

MADAME PERNELLE

On vous aura forgé cent sots contes de lui.

ORGON

Je vous ai dit déjà que j'ai vu tout moi-même.

MADAME PERNELLE

Des esprits médisants la malice est extrême.

ORGON

Vous me feriez damner, ma mère. Je vous dis
Que j'ai vu de mes yeux un crime si hardi.

MADAME PERNELLE

Les langues ont toujours du venin à répandre,
Et rien n'est ici-bas qui s'en puisse défendre.

ORGON

C'est tenir un propos de sens bien dépourvu.
Je l'ai vu, dis-je, de mes propres yeux vu,
Ce qu'on appelle vu. Faut-il vous le rebattre
Aux oreilles cent fois, et crier comme quatre ?

MADAME PERNELLE

Mon Dieu ! le plus souvent l'apparence déçoit :
Il ne faut pas toujours juger sur ce qu'on voit.

ORGON

J'enrage !

MADAME PERNELLE

Aux faux soupçons la nature est sujette,
Et c'est souvent à mal que le bien s'interprète.

ORGON

Je dois interpréter à charitable soin
Le désir d'embrasser ma femme !

MADAME PERNELLE

Il est besoin,
Pour accuser les gens, d'avoir de justes causes ;
Et vous deviez attendre à vous voir sûr des
choses.

ORGON

Hé ! diantre ! le moyen de m'en assurer mieux ?
Je devais donc, ma mère, attendre qu'à mes
yeux
Il eût... Vous me feriez dire quelque sottise.

MADAME PERNELLE

Enfin d'un trop pur zèle on voit son âme éprise ;
Et je ne puis du tout me mettre dans l'esprit
Qu'il ait voulu tenter les choses que l'on dit.

ORGON

Allez, je ne sais pas, si vous n'étiez ma mère,
Ce que je vous dirais, tant je suis en colère.

DORINE, *à Orgon*

Juste retour, monsieur, des choses d'ici-bas :
Vous ne vouliez point croire, et l'on ne vous
croit pas.

CLÉANTE

Nous perdons des moments en bagatelles
pures,
Qu'il faudrait employer à prendre des mesures.
Aux menaces du fourbe on doit ne dormir
point.

DAMIS

Quoi ! son effronterie irait jusqu'à ce point ?

ELMIRE

Pour moi, je ne crois pas cette instance possible,
Et son ingratitude est ici trop visible.

CLÉANTE, *à Orgon*

Ne vous y fiez pas, il aura des ressorts
Pour donner contre vous raison à ses efforts ;
Et sur moins que cela le poids d'une cabale
Embarrasse les gens dans un fâcheux dédale.
Je vous le dis encore : armé de ce qu'il a,
Vous ne deviez jamais le pousser jusque-là.

ORGON

Il est vrai ; mais qu'y faire ? À l'orgueil de ce
traître
De mes ressentiments je n'ai pas été maître.

CLÉANTE

Je voudrais de bon cœur qu'on pût entre vous deux
De quelque ombre de paix raccommoder les nœuds.

ELMIRE

Si j'avais su qu'en main il ait de telles armes,
Je n'aurais pas donné matière à tant d'alarmes ;
Et mes...

ORGON, *à Dorine, voyant entrer M. Loyal*

Que veut cet homme ? Allez tôt le savoir.
Je suis bien en état que l'on me vienne voir !

SCÈNE IV

ORGON, MADAME PERNELLE, ELMIRE, MARIANE,
CLÉANTE, DAMIS, DORINE, M. LOYAL

M. LOYAL, *à Dorine, dans le fond du théâtre*

Bonjour, ma chère sœur ; faites, je vous supplie,
Que je parle à monsieur.

DORINE

Il est en compagnie,
Et je doute qu'il puisse à présent voir quelqu'un.

M. LOYAL

Je ne suis pas pour être, en ces lieux, importun.
Mon abord n'aura rien, je crois, qui lui
déplaise ;
Et je viens pour un fait dont il sera bien aise.

DORINE

Votre nom ?

M. LOYAL

Dites-lui seulement que je viens
De la part de monsieur Tartuffe, pour son bien.

DORINE, *à Orgon*

C'est un homme qui vient, avec douce manière,
de la part de monsieur Tartuffe, pour affaire
Dont vous serez, dit-il, bien aise.

CLÉANTE, *à Orgon*

Il vous faut voir
Ce que c'est que cet homme, et ce qu'il peut
vouloir.

ORGON *à Cléante*

Pour nous raccommoder il vient ici peut-être :
Quels sentiments aurai-je à lui faire paraître ?

CLÉANTE

Votre ressentiment ne doit point éclater ;
Et s'il parle d'accord, il le faut écouter.

M. LOYAL, *à Orgon*

Salut, monsieur ! Le ciel perde qui vous veut
nuire,
Et vous soit favorable autant que je désire !

ORGON, *bas, à Cléante*

Ce doux début s'accorde avec mon jugement,
Et présage déjà quelque accommodement.

M. LOYAL

Toute votre maison m'a toujours été chère,
Et j'étais serviteur de monsieur votre père.

ORGON

Monsieur, j'ai grande honte et demande pardon
D'être sans vous connaître ou savoir votre nom.

M. LOYAL

Je m'appelle Loyal, natif de Normandie,
Et je suis huissier à verge [1], en dépit de l'envie.
J'ai depuis quarante ans, grâce au ciel, le
bonheur
D'en exercer la charge avec beaucoup d'hon-
neur ;
Et je vous viens, monsieur, avec votre licence,
Signifier l'exploit de certaine ordonnance...

ORGON

Quoi ! vous êtes ici...

1. *Les huissiers portaient autrefois une baguette.*

M. LOYAL

Monsieur, sans passion.
Ce n'est rien seulement qu'une sommation,
Un ordre de vider d'ici, vous et les vôtres,
Mettre vos meubles hors, et faire place à d'autres,
Sans délai ni remise, ainsi que besoin est.

ORGON

Moi ! sortir de céans ?

M. LOYAL

Oui, monsieur, s'il vous plaît.
La maison à présent, comme vous savez de reste,
Au bon monsieur Tartuffe appartient sans conteste.
De vos biens désormais il est maître et seigneur,
En vertu d'un contrat duquel je suis porteur.
Il est en bonne forme, et l'on n'y peut rien dire.

DAMIS, *à M. Loyal*

Certes, cette impudence est grande, et je l'admire !

M. LOYAL, *à Damis*

Monsieur, je ne dois point avoir affaire à vous ;
    (*montrant Orgon*)
C'est à monsieur ; il est et raisonnable et doux,

Et d'un homme de bien il sait trop bien l'office,
Pour se vouloir du tout opposer à justice.

ORGON

Mais...

M. LOYAL

Oui, monsieur, je sais que pour un million
Vous ne voudriez pas faire rébellion,
Et que vous souffrirez, en honnête personne,
Que j'exécute ici les ordres qu'on me donne.

DAMIS

Vous pourriez bien ici sur votre noir jupon,
Monsieur l'huissier à verge, attirer le bâton.

M. LOYAL, *à Orgon*

Faites que votre fils se taise ou se retire,
Monsieur. J'aurais regret d'être obligé d'écrire,
Et de vous voir couché dans mon procès-verbal.

DORINE, *à part*

Ce monsieur Loyal porte un air bien déloyal.

M. LOYAL

Pour tous les gens de bien j'ai de grandes
tendresses,
Et ne me suis voulu, monsieur, charger des
pièces
Que pour vous obliger et vous faire plaisir ;
Que pour ôter par là le moyen d'en choisir

Qui n'ayant pas pour vous le zèle qui me
pousse,
Auraient pu procéder d'une façon moins douce.

ORGON

Et que peut-on de pis que d'ordonner aux gens
De sortir de chez eux ?

M. LOYAL

On vous donne du temps,
Et jusques à demain je ferai surséance
À l'exécution, monsieur, de l'ordonnance.
Je viendrai seulement passer ici la nuit
Avec dix de mes gens, sans scancale et sans
bruit.
Pour la forme il faudra, s'il vous plaît, qu'on
m'apporte,
Avant que se coucher, les clefs de votre porte.
J'aurai soin de ne pas troubler votre repos,
Et de ne rien souffrir qui ne soit à propos.
Mais demain, au matin, il vous faut être habile
À vider de céans jusqu'au moindre ustensile ;
Mes gens vous aideront, et je les ai pris forts
Pour vous faire service à tout mettre dehors.
On n'en peut pas user mieux que je fais, je
pense ;
Et comme je vous traite avec grande
indulgence,
Je vous conjure aussi, monsieur d'en user bien,

Et qu'au dû de ma charge on ne me trouble
en rien.

ORGON, *à part*

Du meilleur de mon cœur je donnerais, sur
l'heure,
Les cent plus beaux louis de ce qui me demeure,
Et pouvoir, à plaisir, sur ce muffle asséner
Le plus grand coup de poing qui se puisse
donner.

CLÉANTE, *bas, à Orgon.*

Laissez, ne gâtons rien.

DAMIS

À cette audace étrange,
J'ai peine à me tenir et la main me démange.

DORINE

Avec un si bon dos, ma foi ! monsieur Loyal,
Quelques coups de bâton ne vous siéraient pas
mal.

M. LOYAL

On pourrait bien punir ces paroles infâmes,
Ma mie ; et l'on décrète aussi contre les femmes.

CLÉANTE, *à M. Loyal*

Finissons tout cela, monsieur, c'en est assez.
Donnez tôt ce papier, de grâce, et nous laissez.

M. LOYAL

Jusqu'au revoir. Le ciel vous tienne tous en
joie !

ORGON

Puisse-t-il te confondre, et celui qui t'envoie !

SCÈNE V

ORGON, MADAME PERNELLE, ELMIRE,
CLÉANTE, MARIANE, DAMIS, DORINE

ORGON

Eh bien ! vous le voyez, ma mère, si j'ai droit ;
Et vous pouvez juger du reste par l'exploit.
Ses trahisons enfin vous sont-elles connues ?

MADAME PERNELLE

Je suis tout ébaubie, et je tombe des nues !

DORINE, *à Orgon*

Vous vous plaignez à tort, à tort vous le blâmez,
Et ses pieux desseins par là sont confirmés.
Dans l'amour du prochain sa vertu se
consomme :
Il sait que très souvent les biens corrompent
l'homme,

Et par charité pure, il veut vous enlever
Tout ce qui vous peut faire obstacle à vous
sauver.

ORGON

Taisez-vous. C'est le mot qu'il vous faut
toujours dire.

CLÉANTE, à Orgon

Allons voir quel conseil on doit vous faire élire.

ELMIRE

Allez faire éclater l'audace de l'ingrat.
Ce procédé détruit la vertu du contrat ;
Et sa déloyauté va paraître trop noire,
Pour souffrir qu'il en ait le succès qu'on veut
croire.

SCÈNE VI

VALÈRE, ORGON, MADAME PERNELLE, ELMIRE,
CLÉANTE, MARIANE, DAMIS, DORINE

VALÈRE

Avec regret, monsieur, je viens vous affliger ;
Mais je m'y vois contraint par le pressant
danger.

Un ami, qui m'est joint d'une amitié fort tendre,
Et qui sait l'intérêt qu'en vous j'ai lieu de
prendre,
A violé pour moi, par un pas délicat,
Le secret que l'on doit aux affaires d'État,
Et me vient d'envoyer un avis dont la suite
Vous réduit au parti d'une soudaine fuite.
Le fourbe, qui longtemps a pu vous imposer
Depuis une heure au prince a su vous accuser,
Et remettre en ses mains, dans les traits qu'il
vous jette,
D'un criminel d'État l'importante cassette
Dont, au mépris, dit-il, du devoir d'un sujet,
Vous avez conservé le coupable secret.
J'ignore le détail du crime qu'on vous donne ;
Mais un ordre est donné contre votre
personne ;
Et lui-même est chargé, pour mieux l'exécuter,
D'accompagner celui qui vous doit arrêter.

CLÉANTE

Voilà ses droits armés ; et c'est par où le traître
De vos biens qu'il prétend cherche à se rendre
maître.

ORGON

L'homme est, je vous l'avoue, un méchant
animal !

VALÈRE

Le moindre amusement vous peut être fatal.
J'ai pour vous emmener, mon carrosse à la
porte,
Avec mille louis qu'ici je vous apporte.
Ne perdons point de temps : le trait est
foudroyant ;
Et ce sont de ces coups que l'on pare en fuyant.
À vous mettre en lieu sûr je m'offre pour
conduite,
Et veux accompagner jusqu'au bout votre fuite.

ORGON

Las ! que ne dois-je point à vos soins
obligeants !
Pour vous en rendre grâce, il faut un autre
temps ;
Et je demande au ciel de m'être assez propice
Pour reconnaître un jour ce généreux service.
Adieu : prenez le soin, vous autres...

CLÉANTE

Allez tôt ;
Nous songerons, mon frère, à faire ce qu'il faut.

SCÈNE VII

TARTUFFE, UN EXEMPT, MADAME PERNELLE,
ORGON, ELMIRE, CLÉANTE, MARIANE, VALÈRE,
DAMIS, DORINE

TARTUFFE, *arrêtant Orgon*

Tout beau, monsieur, tout beau, ne courez
point si vite :
Vous n'irez pas fort loin pour trouver votre
gîte ;
Et de la part du prince, on vous fait prisonnier.

ORGON

Traître ! tu me gardais ce trait pour le dernier ;
C'est le coup, scélérat, par où tu m'expédies :
Et voilà couronner toutes tes perfidies.

TARTUFFE

Vos injures n'ont rien à me pouvoir aigrir ;
Et je suis, pour le ciel, appris à tout souffrir.

CLÉANTE

La modération est grande, je l'avoue.

DAMIS

Comme du ciel l'infâme impudemment se joue !

TARTUFFE

Tous vos emportements ne sauraient m'émouvoir ;
Et je ne songe à rien qu'à faire mon devoir.

MARIANE

Vous avez de ceci grande gloire à prétendre ;
Et cet emploi pour vous est fort honnête à
prendre.

TARTUFFE

Un emploi ne saurait être que glorieux,
Quand il part du pouvoir qui m'envoie en ces
lieux.

ORGON

Mais t'es-tu souvenu que ma main charitable,
Ingrat, t'a retiré d'un état misérable ?

TARTUFFE

Oui, je sais quels secours j'en ai pu recevoir ;
Mais l'intérêt du prince est mon premier devoir.
De ce devoir sacré la juste violence
Étouffe dans mon cœur toute reconnaissance ;
Et je sacrifîrais à de si puissants nœuds
Ami, femme, parents, et moi-même avec eux.

ELMIRE

L'imposteur !

DORINE

Comme il sait, de traîtresse manière,
Se faire un beau manteau de tout ce qu'on
révère !

CLÉANTE

Mais, s'il est si parfait que vous le déclarez,
Ce zèle qui vous pousse et dont vous vous
parez,
D'où vient que, pour paraître, il s'avise
d'attendre
Qu'à poursuivre sa femme il ait su vous
surprendre,
Et que vous ne songez à l'aller dénoncer
Que lorsque son honneur l'oblige à vous
chasser ?
Je ne vous parle point, pour devoir en distraire,
Du don de tout son bien qu'il venait de vous
faire ;
Mais, le voulant traiter en coupable aujourd'hui,
Pourquoi consentiez-vous à rien prendre de
lui ?

TARTUFFE, *à l'exempt*

Délivrez-moi, monsieur, de la criaillerie ;
Et daignez accomplir votre ordre, je vous prie.

L'EXEMPT

Oui, c'est trop demeurer, sans doute, à
l'accomplir ;

Votre bouche, à propos, m'invite à le remplir :
Et, pour l'exécuter, suivez-moi tout à l'heure
Dans la prison qu'on doit vous donner pour
demeure.

TARTUFFE

Qui ? moi, monsieur ?

L'EXEMPT

Oui, vous.

TARTUFFE

Pourquoi donc la prison ?

L'EXEMPT

Ce n'est pas vous à qui j'en veux rendre raison.
    (à Orgon)
Remettez-vous, monsieur, d'une alarme si
chaude.
Nous vivons sous un prince ennemi de la
fraude,
Un prince dont les yeux se font jour dans les
cœurs,
Et que ne peut tromper tout l'art des
imposteurs.
D'un fin discernement sa grande âme pourvue
Sur les choses toujours jette une droite vue ;
Chez elle jamais rien ne surprend trop d'accès,
Et sa ferme raison ne tombe en nul excès.

Il donne aux gens de bien une gloire
immortelle ;
Mais sans aveuglement il fait briller ce zèle,
Et l'amour pour les vrais ne ferme point son
cœur
À tout ce que les faux doivent donner
d'horreur.
Celui-ci n'était pas pour le pouvoir surprendre,
Et de pièges plus fins on le voit se défendre.
D'abord il a percé, par ses vives clartés,
Des replis de son cœur toutes les lâchetés.
Venant vous accuser, il s'est trahi lui-même,
Et, par un juste trait de l'équité suprême,
S'est découvert au prince un fourbe renommé,
Dont sous un autre nom il était informé ;
Et c'est un long détail d'actions toutes noires
Dont on pourrait former des volumes
d'histoires.
Ce monarque, en un mot, a vers vous détesté
Sa lâche ingratitude et sa déloyauté ;
À ses autres horreurs il a joint cette suite,
Et ne m'a jusqu'ici soumis à sa conduite
Que pour voir l'imprudence aller jusques au
bout,
Et vous faire, par lui, faire raison de tout.
Oui, de tous vos papiers, dont il se dit le maître,
Il veut qu'entre vos mains je dépouille le traître.
D'un souverain pouvoir, il brise les liens

Du contrat qui lui fait un don de tous vos biens,
Et vous pardonne enfin cette offense secrète
Où vous a d'un ami fait tomber la retraite ;
Et c'est le prix qu'il donne au zèle qu'autrefois
On vous vit témoigner en appuyant ses droits,
Pour montrer que son cœur sait, quand moins
on y pense,
D'une bonne action verser la récompense ;
Que jamais le mérite avec lui ne perd rien ;
Et que, mieux que du mal, il se souvient du
bien.

DORINE

Que le ciel soit loué !

MADAME PERNELLE

Maintenant je respire.

ELMIRE

Favorable succès !

MARIANE

Qui l'aurait osé dire ?

ORGON
à Tartuffe que l'exempt emmène

Eh bien ! te voilà, traître...

SCÈNE VIII

**MADAME PERNELLE, ORGON, ELMIRE, MARIANE,
CLÉANTE, VALÈRE, DAMIS, DORINE**

CLÉANTE

Ah ! mon frère, arrêtez,
Et ne descendez point à des indignités.
À son mauvais destin laissez un misérable,
Et ne vous joignez point au remords qui
l'accable :
Souhaitez bien plutôt que son cœur en ce jour
Au sein de la vertu fasse un heureux retour,
Qu'il corrige sa vie en détestant son vice
Et puisse du grand Prince adoucir la justice,
Tandis qu'à sa bonté vous irez à genoux
Rendre ce que demande un traitement si doux.

ORGON

Oui, c'est bien dit : allons à ses pieds avec joie
Nous louer des bontés que son cœur nous
déploie.
Puis, acquittés un peu de ce premier devoir,
Aux justes soins d'un autre il nous faudra
pourvoir,
Et par un doux hymen couronner en Valère
La flamme d'un amant généreux et sincère.

Les funérailles de Molière

Les auteurs les plus prestigieux, les grands classiques de la littérature, *en texte intégral*, et illustrés de documents d'époque, les chefs-d'œuvre de la poésie française :

LA BIBLIOTHÈQUE LATTES les met à la portée de tous.

Ces ouvrages de collection, élégamment reliés sous jaquette, et d'un format commode, permettent à chacun de découvrir ou de retrouver les grands héros romanesques, de julien Sorel à Philéas Fogg, les textes qui ont enthousiasmé toutes les générations, de Charles Dickens à Alexandre Dumas, les plus belles pages de notre littérature, de Flaubert à Hugo, de Voltaire à Zola.

BIBLIOTHÈQUE LATTÈS

LES CHEFS-D'ŒUVRE DE LA LITTÉRATURE

JACK LONDON Croc-blanc

LOTI Pêcheur d'Islande

MAUPASSANT Une vie

MERIMEE Colomba, Carmen

MOLIERE L'Avare, Le Tartuffe

PASCAL Pensées

PERRAULT Contes

POE Histoires extraordinaires

JULES RENARD Poil de Carotte

ROSTAND Cyrano de Bergerac

GEORGE SAND La petite Fadette

STENDHAL Le Rouge et le Noir (*2 tomes*)

STEVENSON L'Ile au trésor

MARK TWAIN Tom Sawyer

JULES VERNE Le tour du monde en 80 jours
De la terre à la Lune
Voyage au centre de la Terre

VOLTAIRE Candide et autres contes

OSCAR WILDE Le fantôme de Canterville et autres contes

ZOLA Au bonheur des dames
Nana

BIBLIOTHÈQUE LATTÈS

LES CHEFS-D'ŒUVRE DE LA POÉSIE

Dans la même collection :

Dépôt légal : mars 1989
Imprimé en Chine